全国高中数学联赛一试习题精编

集合与简易逻辑

孙　涛　林逸沿　邵新贵　编著

ZHEJIANG UNIVERSITY PRESS
浙江大学出版社
·杭州·

图书在版编目（CIP）数据

全国高中数学联赛一试习题精编. 集合与简易逻辑 /
孙涛，林逸沿，邵新贵编著. -- 杭州：浙江大学出版社，
2024. 11. -- ISBN 978-7-308-25561-5

Ⅰ. G634.603

中国国家版本馆 CIP 数据核字第 2024AH7608 号

全国高中数学联赛一试习题精编(集合与简易逻辑)

孙　涛　林逸沿　邵新贵　编著

责任编辑	陈宗霖
责任校对	王同裕　万雅昕
封面设计	周　灵
出版发行	浙江大学出版社
	（杭州市天目山路 148 号　邮政编码 310007）
	（网址：http://www.zjupress.com）
排　　版	杭州朝曦图文设计有限公司
印　　刷	杭州宏雅印刷有限公司
开　　本	889mm×1194mm　1/16
印　　张	8.75
字　　数	202 千
版 印 次	2024 年 11 月第 1 版　2024 年 11 月第 1 次印刷
书　　号	ISBN 978-7-308-25561-5
定　　价	29.80 元

出版说明

  数学作为一门独立的学科,其基础性、创新性作用越来越凸显.如今数学无处不在,已渗透到自然科学乃至人文社会科学等领域.尤其在数字化时代,人们须臾离不开数学.那么,什么是数学? 见仁见智,或者说问题本身较为宏大.数学教会人们思考问题的方法以及思考问题的逻辑.从这个角度来审视数学,它与哲学有异曲同工之处,所以,将数学视为哲学也不无道理.事实上,在古希腊时期,数学就是哲学,哲学也就是数学,两者几乎等同.当然,科学发展到今天,哲学和数学不可同日而语,都形成了独立的复杂体系,远远超出了当年的范畴,两者不能画等号了.

  今天对数学的定义是,数学是研究现实世界空间形式和数量关系的一门科学,涵盖了丰富的理论体系、内在的思想方法和逻辑体系.其中,运算能力、空间想象能力、逻辑推理能力等是基础数学的核心内容,更是中学数学的核心素养.所以,中学阶段的数学就是要落实这几种基本能力的培养.作为中学数学课外延伸的数学竞赛(中学数学奥林匹克)对这些能力要求更高一些,但也只是量的扩展而非质的提升.数学运算能力、空间想象能力和逻辑推理能力不是与生俱来的,主要依靠后天的训练和培养.实践证明,适量的习题训练是一种行之有效的培养方式.谈到训练自然会联想到题海战术,学习数学固然不倡导题海战术,况且这种专注技能技巧的题海训练无论是对学生兴趣的培养,还是未来发展都未必有益.但科学有效的训练是学习数学的一个重要环节.近年,浙江大学出版社基础教育分社在数学竞赛方面做了有益的探索,出版了一批高质量助学读物,获得了广泛认可和良好口碑.基于此,我们特别策划了"全国高中数学联赛习题精编"丛书.丛书按全国中学生奥林匹克数学竞赛(即原全国高中数学联合竞赛)要求,包括一试和二试两个层次.其中,

  一试包含《集合与简易逻辑》《初等函数》《数列》《不等式及其应用》《平面向量与三角函数》《解析几何》《立体几何》《排列组合与概率》《导数及其应用》,共**九个分册**;

  二试包含《代数》《初等数论》《平面几何》《组合数学与图论》,共**四个分册**.

  丛书旨在为广大数学爱好者以及参加全国中学生数学奥林匹克竞赛(预赛)的学生提供有针对性、指导性的学习范本.习题设计充分体现了阶梯性和测量功能,通过循序渐进的训练,让学生深刻理解数学的思想方法,提高学生分析问题和解决问题的能力;同时通过训练,学生可以查漏补缺,弥补自身的短板.丛书着重体现**指导性**、**实用性**和**科学性**.**指导性**就是对学生参与全国中学生数学奥林匹克竞赛(预赛)有一定指导作用和引领作用;**实用性**就是对学生参加数学竞赛有训练价值,习题设计力求覆盖面广,能举一反三;**科学性**就是概念表述力求科学规范,习题行文表达清晰简练,让学生接受规范的数学熏陶.

  为保证丛书的质量,我们在高中数学竞赛成绩突出的名校中,遴选了一批数学才俊撰稿.尽管我们全力以赴,但难免挂一漏万,纰漏之处期待读者指正.

目 录

第1章 集合

1.集合的概念

集合是一个原始的概念,体育老师上课叫的"集合"是一个动词,让大家过来集中到一起.而数学中的集合是一个名词.动词属性和名词属性的"集合"有很多相似之处.体育老师说男同学集合,同学们就知道要不要过去,这就是确定性;某一个班集合,只需要这个班的同学都过来,不要求顺序,这就是无序性;某一个班集合报数,这个班的每个同学只能报一次数,这就是互异性.集合的概念比较抽象,但数学来源于生活,最后应用于生活.我们可以用列举法、描述法、Venn 图去表示集合.

对有限集 A,我们记 $|A|$ 表示 A 中的元素个数,称为 A 的阶.在高中阶段,无特殊情况一般都是考虑有限集.

2.子集与集合相等

在两个集合的关系中,子集是一个重要的概念,它的一个重要的衍生概念是真子集.集合相等的概念也可以用子集来描述,从"充分必要条件"的角度来理解子集、真子集和集合相等的概念无疑是十分有益的.

(1)子集:$A\subseteq B\Leftrightarrow$ 对任意 $x\in A$,恒有 $x\in B$;

真子集:$A\subsetneqq B\Leftrightarrow\begin{cases}A\subseteq B,\\ 存在\ x\in A,x\notin B.\end{cases}$

(2)集合相等:$A=B\Leftrightarrow A\subseteq B$,且 $B\subseteq A$.

(3)容易证明两个集合关系具有如下性质:

①$\varnothing\subseteq A,\varnothing\subsetneqq A(A\neq\varnothing)$.

②$A\subseteq B,B\subseteq C\Rightarrow A\subseteq C$.

③n 元集合 A 总共有 2^n 个不同的子集.

空集是一个极其特殊的集合,考虑集合的子集时要特别注意.

习题精编

1. 设集合 $M=\{a \mid a=x^2-y^2, x,y \in \mathbf{Z}\}$，求证：

   (1) $2k-1 \in M\ (k \in \mathbf{Z})$.

   (2) $4k-2 \notin M\ (k \in \mathbf{Z})$.

   (3) 若 $p \in M, q \in M$，则 $pq \in M$.

2. 对于集合 M，定义函数 $f_M(x)=\begin{cases}1, & x \in M, \\ -1, & x \notin M.\end{cases}$ 对于两个集合 A, B，定义集合 $A\triangle B=\{x \mid f_A(x) \cdot f_B(x)=-1\}$. 已知 $A=\{2,4,6,8,10\}$，$B=\{1,2,4,8,12\}$，则用列举法写出集合 $A\triangle B$ 的结果为_____.

3. 对于复数 a,b,c,d，若集合 $S=\{a,b,c,d\}$ 具有性质："对任意 $x,y \in S$，必有 $xy \in S$"，则当 $a=1$，$b^2=1$，$c^2=b$ 时，$b+c+d=$_____.

4. 设集合 $M=\{x \mid f(x)=x\}$，$N=\{x \mid f[f(x)]=x\}$，

   (1) 求证：$M \subseteq N$.

   (2) 当 $f(x)$ 为单调函数时，是否有 $M=N$？证明之.

5. 设 a_1,a_2,a_3,a_4 是 4 个有理数,使得 $\{a_ia_j\mid 1\leqslant i<j\leqslant 4\}=\left\{-24,-2,-\dfrac{3}{2},-\dfrac{1}{8},1,3\right\}.$ 求 $a_1+a_2+a_3+a_4$ 的值.

6. 设关于 x 的不等式 $\left|x-\dfrac{(a+1)^2}{2}\right|\leqslant\dfrac{(a-1)^2}{2}$ 和 $x^2-3(a+1)x+2(3a+1)\leqslant0(a\in\mathbf{R})$ 的解集依次为 A 和 B,求使 $A\subseteq B$ 的实数 a 的取值范围.

7. 求所有的角 α,使得集合 $\{\sin\alpha,\sin2\alpha,\sin3\alpha\}=\{\cos\alpha,\cos2\alpha,\cos3\alpha\}.$

8. 如图,AB 是平面 α 上的斜线段,A 为斜足,若点 P 在平面 α 内运动,使得 $\triangle ABP$ 的面积为定值,则动点 P 的轨迹是　　　　（　　）

A. 圆 　　　　　　　　　　　　　B. 椭圆

C. 一条直线 　　　　　　　　　　D. 两条平行直线

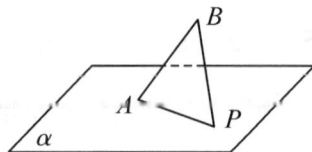

第 8 题图

9. 以某些整数为元素的集合 P 具有下列性质：① P 中的元素有正数和负数；② P 中的元素有奇数和偶数；③ $-1 \notin P$；④若 $x, y \in P$，则 $x + y \in P$. 试判断实数 0 和 2 与集合 P 的关系.

10. 假设 S_1, S_2, S_3 为非空集合,满足如下性质：对于 $1, 2, 3$ 的任意一个排列 i, j, k，若 $x \in S_i$，$y \in S_j$，则 $x - y \in S_k$.

(1) 证明：三个集合中至少有两个相等.

(2) 三个集合中是否可能有两个集合无公共元素？

11. 设集合 $A=\{2,0,1,3\}$，集合 $B=\{x\mid -x\in A,2-x^2\notin A\}$，则集合 B 中所有元素的和为_____.

12. 集合 $M=\{u\mid u=12m+8n+4l,m,n,l\in \mathbf{Z}\}$，$N=\{u\mid u=20p+16q+12r,p,q,r\in \mathbf{Z}\}$，$M$ 和 N 的关系为_____.

13. 若实数集合 $\{1,2,3,x\}$ 的最大元素与最小元素之差等于该集合的所有元素之和，则 x 的值为_____.

14. 设集合 $A=[-2,4)$，$B=\{x\mid x^2-ax-4\leqslant 0\}$，若 $B\subseteq A$，则实数 a 的取值范围为_____.

15. 设集合 $\left\{\dfrac{3}{a}+b\mid 1\leqslant a\leqslant b\leqslant 2\right\}$ 中最大元素与最小元素分别为 M,N，则 $M-N$ 的值为_____.

16. 设集合 $S=\{(x,y)\mid x^2-y^2=$ 奇数 $,x,y\in \mathbf{R}\}$，$T=\{(x,y)\mid \sin(2\pi x^2)-\sin(2\pi y^2)=\cos(2\pi x^2)-\cos(2\pi y^2),x,y\in \mathbf{R}\}$，则 S 与 T 的关系为_____.

17. 设集合 $M=\{1,2,\cdots,1000\}$，现对 M 中的任一非空子集 X，令 a_X 表示 X 中最大数与最小数的和，那么所有 a_X 的算术平均值为_____.

18. 平面上有三个点集 M,N,P：$M=\{(x,y)\mid |x|+|y|<1\}$，$N=\left\{(x,y)\;\middle|\;\sqrt{\left(x-\dfrac{1}{2}\right)^2+\left(y+\dfrac{1}{2}\right)^2}+\sqrt{\left(x+\dfrac{1}{2}\right)^2+\left(y-\dfrac{1}{2}\right)^2}<2\sqrt{2}\right\}$，$P=\{(x,y)\mid |x+y|<1,|x|<1,|y|<1\}$. 则这三个集合间的关系为_____.

19. 已知集合 $M=\{x,xy,\lg(xy)\}$，$N=\{0,|x|,y\}$，且 $M=N$，则 $\left(x+\dfrac{1}{y}\right)+\left(x^2+\dfrac{1}{y^2}\right)+\left(x^3+\dfrac{1}{y^3}\right)+\cdots+\left(x^{2001}+\dfrac{1}{y^{2001}}\right)$ 的值为_____.

20. 已知集合 $A=\{x\mid ax^2+3x-2a=0\}$，$B=\{x\mid 2x^2-5x-42\leqslant 0\}$，若 $A\cap B=A$，则 a 的取值范围为_____.

21. 设 S 为复数集 $\mathbf{C}$ 的非空子集. 若对任意 $x,y\in S$，都有 $x+y,x-y,xy\in S$，则称 S 为封闭集. 现有如下命题.

① 集合 $S=\{a+bi\mid a,b$ 为整数 $\}$ 为封闭集；

② 若 S 为封闭集，则一定有 $0\in S$；

③ 封闭集一定是无限集；

④ 若 S 为封闭集，则满足 $S\subseteq T\subseteq \mathbf{C}$ 的任意集合 T 也是封闭集.

上面命题中真命题是_____.

22. 若非空数集 A 满足条件：(1) $0 \notin A$；(2) $\forall x \in A, \dfrac{1}{x} \in A$，则称 A 是"互倒集"．给出以下数集：

① $\{x \in \mathbf{R} \mid x^2 + ax + 1 = 0\}$；② $\{x \mid x^2 - 4x + 1 < 0\}$；③ $\left\{y \,\middle|\, y = \dfrac{\ln x}{x}, x \in \left[\dfrac{1}{e}, 1\right) \cup (1, e)\right\}$；

④ $\left\{ y \,\middle|\, y = \begin{cases} 2x + \dfrac{2}{5}, & x \in [0,1), \\ x + \dfrac{1}{x}, & x \in [1,2] \end{cases} \right\}$.

其中"互倒集"的个数是_____．

23. 已知集合 $A = \{x \mid \log_a(ax - 1) > 1\}$，若 $3 \in A$，则 a 的取值范围是_____．

24. 设集合 $A = \{1, 2, \cdots, 2014\}$，$B_i = \{x_i, y_i\}(i = 1, 2, \cdots, k)$ 是 A 的 k 个两两不交的二元子集，且满足条件：(1) $x_i + y_i \leqslant 2014, i = 1, 2, \cdots, k$；(2) 当 $1 \leqslant i < j \leqslant k$ 时，$x_i + y_i \neq x_j + y_j$，则 k 的最大值为_____．

25. 若规定集合 $E = \{a_1, a_2, \cdots, a_{10}\}$ 的子集 $\{a_{i_1}, a_{i_2}, \cdots, a_{i_n}\}$ 为 E 的第 k 个子集，其中 $k = 2^{i_1 - 1} + 2^{i_2 - 1} + \cdots + 2^{i_n - 1}$，则

(1) $\{a_1, a_3\}$ 是 E 的第_____个子集；

(2) E 的第 211 个子集是_____．

26. 集合 $A = \{a_1, a_2, \cdots, a_n\}$，任取 i, j, k，满足 $1 \leqslant i < j < k \leqslant n$，且 $a_i + a_j \in A$，$a_j + a_k \in A$，$a_i + a_k \in A$ 至少有一个成立，则 n 的最大值为_____．

27. 集合 $A = \{1, 2, 3, 4, \cdots, 2020\}$，若对于集合 A 的每一个非空子集的所有元素，计算它们乘积的倒数，则所有这些倒数的和为_____．

28. 某个含有三个实数的集合既可表示为 $\left\{b, \dfrac{b}{a}, 0\right\}$，又可表示为 $\{a, a + b, 1\}$，则 $a^{2018} + b^{2018}$ 的值为_____．

29. 设 A 为三元集合(三个不同实数组成的集合)，集合 $B = \{x + y \mid x, y \in A, x \neq y\}$，若 $B = \{\log_2 6, \log_2 10, \log_2 15\}$，则集合 A 为_____．

30. 已知 $a \geqslant -2$，且集合 $A = \{x \mid -2 \leqslant x \leqslant a\}$，$B = \{y \mid y = 2x + 3, x \in A\}$，$C = \{z \mid z = x^2, x \in A\}$，若 $C \subseteq B$．则实数 a 的取值范围为_____．

31. 已知集合 $A = \{x \mid x^2 - 3x + 2 \leqslant 0\}$，$B = \left\{x \,\middle|\, \dfrac{1}{x - 3} < a\right\}$，若 $A \subseteq B$，则实数 a 的取值范围是_____．

32. 从五个正整数 a, b, c, d, e 中任取四个求和，得到的和值构成集合 $\{44, 45, 46, 47\}$，则 $a + b + c + d + e =$_____．

33. 集合 $M = \{1, 99, -1, 0, 25, -36, -91, 19, -2, 11\}$，记 M 的所有非空子集为 $M_i(i = 1, 2, \cdots, 1023)$，每一个 M_i 中的所有元素之积为 m_i，则 $\sum\limits_{i=1}^{1023} m_i =$_____．

34. 用 $\sigma(S)$ 表示非空的整数集合 S 的所有元素的和,设 $A=\{a_1,a_2,\cdots,a_{11}\}$ 是正整数的集合,且 $a_1<a_2<\cdots<a_{11}$,又设对每个正整数 $n\leqslant1500$,都存在 A 的子集 S,使得 $\sigma(S)=n$. 求 a_{10} 的最小可能值.

35. 设集合 $E=\{1,2,\cdots,200\},G=\{a_1,a_2,\cdots,a_{100}\}\subsetneqq E$,且 G 具有下列性质:(1)对任意 $1\leqslant i\leqslant j\leqslant100$,恒有 $a_i+a_j\neq201$;(2) $\sum\limits_{i=1}^{100}a_i=10080$.

试证 G 中的元素为奇数的个数是 4 的倍数,且 $\sum\limits_{i=1}^{100}a_i^2$ 为定值.

36. 对集合 $\{1,2,\cdots,n\}$ 及其每一个非空子集,定义一个唯一确定的"交替和"如下:按照递减的次序重新排列该子集,然后交替地减或加该子集中的数所得的结果.例如,集合 $\{1,2,4,6,9\}$ 的"交替和"是 $9-6+4-2+1=6$. $\{5,6\}$ 的"交替和"是 $6-5=1$,$\{2\}$ 的交替和是 2.那么,对于 $n=7$,求所有子集的"交替和"的总和.

37. n 元集合具有多少对不同的无序不交子集对？

38. 已知集合 $A=\{a_1,a_2,\cdots,a_n\}$，其中 $a_i\in\mathbf{R}(i=1,2,\cdots,n,n>2)$，$l(A)$ 表示 $a_i+a_j(1\leqslant i<j\leqslant n)$ 的所有不同值的个数.

(1)已知集合 $P=\{2,4,6,8\}$，$Q=\{2,4,8,16\}$，分别求 $l(P)$，$l(Q)$.

(2)若集合 $A=\{2,4,8,\cdots,2^n\}$，求证：$l(A)=\dfrac{n(n-1)}{2}$.

(3)求 $l(A)$ 的最小值.

39. 设集合 $S\subseteq \mathbf{N}^*$，$T\subseteq \mathbf{N}^*$，S,T 中至少有三个元素，且 S,T 满足：①对于任意的 $x,y\in S$，若 $x\neq y$，则 $xy\in T$；②对于任意的 $x,y\in T$，若 $x<y$，则 $\dfrac{y}{x}\in S$.

试求所有可能的 $|S|$，以及对应的 $|S\cup T|$.

40. 阅读以下材料.

我们讨论有限集的大小时，可以直接计数比较，或者考虑映射，例如，如果能给出一个两个集合 A,B 之间的双射 f，那么可知 $|A|=|B|$. 该如何讨论无限集呢？

对集合 A,B，记集合 A 的势为 $\overline{\overline{A}}$. 若存在单射 $f:A\to B$，则规定 $\overline{\overline{A}}\leqslant\overline{\overline{B}}$. 若 $\overline{\overline{A}}\leqslant\overline{\overline{B}}$ 且 $\overline{\overline{A}}\geqslant\overline{\overline{B}}$，则规定 $\overline{\overline{A}}=\overline{\overline{B}}$，称集合 A,B 等势.

当 A 为有限集时，我们记 $\overline{\overline{A}}=|A|$，对正整数集 $\mathbf{N}^*$，记 $\mathbf{N}^*$ 的势为 $\aleph_0$.（我们并没有严格定义集合的势，集合的势只在有限集下为一个数）

对集合 A，若 $\overline{\overline{A}}\leqslant\aleph_0$，则称其为至多可数的，对无限集，我们称其为可数集.

回答以下问题.

(1)证明：$\mathbf{N}^*$ 与 $\{2k\mid k\in\mathbf{N}^*\}$ 与 $\mathbf{Z}$ 等势.

(2)证明：$(-1,1)$ 与 $\mathbf{R}$ 等势.

(3)已知 Schröder-Bernstein 定理：集合 A,B 等势等价于存在一个 A,B 的双射. 证明：对可数集 $A_i(i\in\mathbf{N}^*)$，$\bigcup\limits_{i\in\mathbf{N}^*}A_i$ 仍为可数集.

第 2 章　集合的运算

1. 集合的基本运算

（1）交集、并集、补集

集合的交集、并集、补集三种基本运算是通过元素与集合的关系来定义的：

$A \cap B = \{x \mid x \in A, 且 \ x \in B\}$；

$A \cup B = \{x \mid x \in A, 或 \ x \in B\}$；

$\complement_U A = \{x \mid A \subseteq U, x \in U, 且 \ x \notin A\}$.

请注意这里的逻辑关联词"且""或"，它们在集合运算的定义中起了决定性的作用.

（2）差集

有时，我们还要用到集合的差集的概念.

定义：由属于集合 A 但不属于集合 B 的全体元素组成的集合叫做集合 A 对 B 的差集，记作 $A \backslash B$（或 $A - B$），即

$$A \backslash B = \{x \mid x \in A, 且 \ x \notin B\}.$$

由这个定义可以看出，补集只是差集的一种特殊情况.

2. 集合的运算法则

记 U 为全集，A 为 U 的子集，容易证明集合的运算满足如下法则.

(1) 等幂律：$A \cap A = A, A \cup A = A$；

(2) 同一律：$A \cap U = A, A \cup U = U, A \cap \varnothing = \varnothing, A \cup \varnothing = A$；

(3) 交换律：$A \cap B = B \cap A, A \cup B = B \cup A$；

(4) 互补律：$A \cap \complement_U A = \varnothing, A \cup \complement_U A = U$；

(5) 结合律：$A \cap (B \cap C) = (A \cap B) \cap C, A \cup (B \cup C) = (A \cup B) \cup C$；

(6) 分配律：$A \cap (B \cup C) = (A \cap B) \cup (A \cap C), A \cup (B \cap C) = (A \cup B) \cap (A \cup C)$；

(7) 吸收律：$A \cup (A \cap B) = A, A \cap (A \cup B) = A$；

(8) 反演律（摩根律）：$\complement_U (A \cap B) = \complement_U A \cup \complement_U B, \complement_U (A \cup B) = \complement_U A \cap \complement_U B$；

3. 常用结论

对于集合 A 和 B，$A \cap B = A \Leftrightarrow A \subseteq B, A \cup B = A \Leftrightarrow B \subseteq A$.

习题精编

1. 已知函数 $f(x)=\sqrt{x-3}-\dfrac{1}{\sqrt{7-x}}$ 的定义域为集合 A，且集合 $B=\{x\in\mathbf{Z}\mid 2<x<10\}$，$C=\{x\in\mathbf{R}\mid x<a\ \text{或}\ x>a+1\}$.

　(1) 求 A 和 $(\complement_{\mathbf{R}}A)\cap B$.

　(2) 若 $A\cup C=\mathbf{R}$，求实数 a 的取值范围.

2. 设全集 $U=\{(x,y)\mid x,y\in\mathbf{R}\}$，$M=\left\{(x,y)\ \middle|\ \dfrac{y-3}{x-2}=1\right\}$，$N=\{(x,y)\mid y\neq x+1\}$，那么 $(\complement_{U}M)\cap(\complement_{U}N)=$ _____.

3. 集合 $A=\{(x,y)\mid y^2-x-1=0\}$，$B=\{(x,y)\mid 4x^2+2x-2y+5=0\}$，$C=\{(x,y)\mid y=kx+b\}$. 问：是否存在 $k,b\in\mathbf{N}$，使得 $(A\cup B)\cap C=\varnothing$？并证明你的结论.

4. 集合 $I=\{1,2,3,4,5,6,7,8,9\}$，$A\subseteq I$，$B\subseteq I$，$A\cap B=\{2\}$，$(\complement_I A)\cap(\complement_I B)=\{1,9\}$，$(\complement_I A)\cap B=\{4,6,8\}$，则 $A\cap(\complement_I B)=$ _____ .

5. 已知集合 $A\cup B\cup C=\{a_1,a_2,a_3,a_4,a_5\}$，且 $A\cap B=\{a_1,a_2\}$，则集合 A,B,C 所有可能的情况有 _____ 种.

6. 在如图所示的 Venn 图中，A,B 是非空集合，定义集合 $A\otimes B$ 为阴影部分表示的集合. 若 $x,y\in\mathbf{R}$，集合 $A=\{x\mid y=\sqrt{2x-x^2}\}$，$B=\{y\mid y=3^x,x>0\}$，则 $A\otimes B$ 为 _____ .

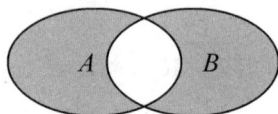

第 6 题图

7. 已知集合 $A=\{(x,y)\mid |x|+|y|=a,a>0\}$，$B=\{(x,y)\mid |xy|+1=|x|+|y|\}$，若 $A\cap B$ 是平面上正八边形的顶点所构成的集合，则 a 的值为 _____ .

8. 设集合 S 含有 n 个元素. $A_1,A_2,\cdots,A_k$ 是 S 的不同子集，它们两两之间的交集非空. 试求 k 的最大值.

9. 设集合 $S=\{A_1,A_2,\cdots,A_n\}$，其中 $A_1,A_2,\cdots,A_n$ 是 n 个互不相同的有限集合($n\geqslant2$)，满足对任意 $A_i,A_j\in S$，均有 $A_i\cup A_j\in S$. 假设 $k=\min\limits_{1\leqslant i\leqslant n}|A_i|\geqslant2$，证明：存在 $x\in\bigcup\limits_{i=1}^{n}A_i$，使得 x 属于 $A_1,A_2,\cdots,A_n$ 中至少 $\dfrac{n}{k}$ 个集合.

10. 设集合 $S=\{1,2,\cdots,100\}$,求最大的整数 k,使得 S 有 k 个互不相同的非空子集,满足性质: 对这 k 个子集中任意 2 个不同子集,若它们的交非空,则它们交集中的最小元素与这两个子集中的最大元素均不相同.

11. 已知全集 $U=\mathbf{R}$,集合 $A=\{x|x^2-2x-3>0,x\in\mathbf{R}\}$,$B=\{x|m-2\leqslant x\leqslant m+2\}$,若 $(\complement_U A)\bigcap B$ $=\{x|0\leqslant x\leqslant 3\}$,则实数 m 的值为_____.

12. 设集合 $A=\{1,2,m\}$,其中 m 为实数,令 $B=\{a^2|a\in A\}$,$C=A\bigcup B$,若 C 的所有元素之和为 6,则 C 的所有元素之积为_____.

13. 已知集合 $A=\{x|5x-a\leqslant0\}$,$B=\{x|6x-b>0\}$,其中 a,b 为正整数.若 $A\bigcap B\bigcap\mathbf{N}=\{2,3,4\}$,则整数对 (a,b) 的数量为_____.

14. 设 k 为实数,在平面直角坐标系中有 2 个点集 $A=\{(x,y)|x^2+y^2=2(x+y)\}$ 和 $B=\{(x,y)|kx-y+k+3\geqslant0\}$,若 $A\bigcap B$ 是单元集合,则 k 的值为_____.

15. 设全集是实数集,若集合 $A=\{x|\sqrt{x-2}\leqslant0\}$,$B=\{x|10^{x^2-2}=10^x\}$,则 $A\bigcap\complement_{\mathbf{R}}B$ 是_____.

16. 若非空集合 $A=\{x|2a+1\leqslant x\leqslant3a-5\}$,$B=\{x|3\leqslant x\leqslant22\}$,则能使 $A\subseteq(A\bigcap B)$ 成立的所有 a 的集合是_____.

17. 已知点集 $A=\left\{(x,y)\left|(x-3)^2+(y-4)^2\leqslant\left(\frac{5}{2}\right)^2\right.\right\}$,$B=\left\{(x,y)\left|(x-4)^2+(y-5)^2>\left(\frac{5}{2}\right)^2\right.\right\}$,则点集 $A\bigcap B$ 中的整点(即横、纵坐标均为整数的点)的个数为_____.

18. 若集合 $M=\{(x,y)||\tan\pi y|+\sin^2\pi x=0\}$,$N=\{(x,y)|x^2+y^2\leqslant2\}$,则 $M\bigcap N$ 的元素个数是_____.

19. 集合 A,B 的并集 $A \cup B = \{a_1,a_2,a_3\}$,当 $A \neq B$ 时,(A,B) 与 (B,A) 视为不同的集合对,则这样的集合对的对数是_____.

20. 已知在 xOy 平面上,由 $0 < y \leqslant x^2$,$0 \leqslant x \leqslant 1$ 所围成图形的面积为 $\dfrac{1}{3}$,则集合 $M = \{(x,y) \mid |y| - |x| \leqslant 1\}$,$N = \{(x,y) \mid |y| \geqslant x^2 + 1\}$ 的交集 $M \cap N$ 所表示的图形面积为_____.

21. 已知集合 $P = \{a \mid a = (1,0) + m(0,1), m \in \mathbf{R}\}$,$Q = \{b \mid b = (1,1) + n(-1,1), n \in \mathbf{R}\}$ 是两个向量集合,则 $P \cap Q = $_____.

22. 已知集合 $M = \left\{(x,y) \,\middle|\, \dfrac{y-3}{x-2} = 3\right\}$,$N = \{(x,y) \mid ax + 2y + a = 0\}$,$M \cap N = \varnothing$,则 $a = $_____.

23. 已知集合 $U = \{(x,y) \mid x \in \mathbf{R}, y \in \mathbf{R}\}$,$M = \{(x,y) \mid |x| + |y| < a\}$,$P = \{(x,y) \mid y = f(x)\}$. 现给出下列函数:①$y = x^{-a}(x > 0)$;②$y = \log_a x$;③$y = \sin(x+a)$;④$y = \cos ax$. 若 $0 < a < 1$ 时,恒有 $P \cap \complement_U M = P$,则所有满足条件的函数序号是_____.

24. 设集合 $M = \{1,2,3,\cdots,n\}(n \in \mathbf{N}^*)$,对 M 的任意非空子集 A,定义 $f(A)$ 为 A 中的最大元素,当 A 取遍 M 的所有非空子集时,对应的 $f(A)$ 的和为 S_n,则 (1) $S_3 = $_____;(2) $S_n = $_____.

25. 设集合 $U = \{1,2,\cdots,366\}$,则 U 的互不相交且各个元素之和为 17 的倍数的二元子集最多有_____个.

26. 定义全集 U 的子集 A 的特征函数为 $f_A(x) = \begin{cases} 1, & x \in A, \\ 0, & x \in \complement_U A, \end{cases}$ 这里 $\complement_U A$ 表示 A 在全集 U 中的补集,那么对于集合 $A,B \subseteq U$,下列所有正确说法的序号是_____.

①$A \subseteq B \Rightarrow f_A(x) \leqslant f_B(x)$;②$f_{\complement_U A}(x) = 1 - f_A(x)$;

③$f_{A \cup B}(x) = f_A(x) + f_B(x)$;④$f_{A \cap B}(x) = f_A(x) \cdot f_B(x)$

27. 对于非空实数集 A,定义 $A^* = \{z \mid$ 对任意 $x \in A, z \geqslant x\}$. 设非空实数集 $C \subseteq D \subsetneqq (-\infty, 1]$.

现给出以下命题:

①对于任意给定符合题设条件的集合 C,D,必有 $D^* \subseteq C^*$;

②对于任意给定符合题设条件的集合 C,D,必有 $C^* \cap D = \varnothing$;

③对于任意给定符合题设条件的集合 C,D,必有 $C \cap D^* = \varnothing$;

④对于任意给定符合题设条件的集合 C,D,必存在常数 a,使得对任意 $b \in C^*$,恒有 $a + b \in D^*$.

以上命题正确的是_____.

28. 若集合 $M = \left\{z \,\middle|\, z = \dfrac{t}{1+t} + \dfrac{1+t}{t}\mathrm{i}, t \in \mathbf{R}, t \neq -1, t \neq 0\right\}$,$N = \{z \mid z = \sqrt{2}[\cos(\arcsin t) + \mathrm{i}\cos(\arccos t)], t \in \mathbf{R}, |t| \leqslant 1\}$,则 $M \cap N$ 中元素的个数为_____.

29. 已知集合 $A = \{x, 1+x\}$,$B = \{1, \ln(x+2)\}$,且 $A \cap B = \{1+x\}$,则实数 $x = $_____.

30. 全集 $U = \{1,2,\cdots,50\}$,$A = \{a,b\}$,若集合 $\complement_U A$ 中所有元素之和等于 ab,则 $ab = $_____.

31. 设集合 $S=\{1,2,\cdots,n\}(n\in \mathbf{N}^*,n\geqslant 2)$，$A,B$ 是 S 的两个非空子集，且满足集合 A 中的最大数小于集合 B 中的最小数，记满足条件的集合对 (A,B) 的对数为 P_n.

　　(1)求 P_2，P_3 的值.

　　(2)求 P_n 的表达式.

32. 有 1987 个集合，每个集合有 45 个元素，任意两个集合的并集有 89 个元素，则此 1987 个集合的并集有多少个元素？

33. 给定整数 $n \geqslant 3$，设 $A_1, A_2, \cdots, A_{2n}$ 是集合 $\{1, 2, \cdots, n\}$ 的两两不同的非空子集，记 $A_{2n+1} = A_1$，求 $\displaystyle\sum_{i=1}^{2n} \frac{|A_i \cap A_{i+1}|}{|A_i| \cdot |A_{i+1}|}$ 的最大值.

34. 已知集合 $A = \left\{ (x, y) \,\middle|\, \dfrac{y-3}{x-2} = a+1 \right\}$，$B\{(x, y) \mid (a^2-1)x + (a-1)y = 15\}$，问：实数 a 为何值时 $A \cap B = \varnothing$？

35. 已知集合 $A=\{(x,y)\mid ax+y=1\}$，$B=\{(x,y)\mid x+ay=1\}$，$C=\{(x,y)\mid x^2+y^2=1\}$，问：

(1)当实数 a 为何值时，$(A\cup B)\cap C$ 是一个二元集合？

(2)当实数 a 为何值时，$(A\cup B)\cap C$ 是一个三元集合？

36. 设集合 A,B,X 满足：$A\cap X=B\cap X=A\cap B$，$A\cup B\cup X=A\cup B$. 证明：$X=A\cap B$.

37. 设正整数 $n \geqslant 2$，正整数 $m \geqslant 2^{n-1}+1$。证明：$\{1,2,\cdots,n\}$ 的任意 m 个不同的非空子集 A_1，A_2，$\cdots$，A_m，均存在互不相同的 $i,j,k \in \{1,2,\cdots,m\}$，使得 $A_i \bigcup A_j = A_k$。

38. 设 n 为正整数，集合 $A = \{\alpha \mid \alpha = (t_1,t_2,\cdots,t_n), t_k \in \{0,1\}, k = 1,2,\cdots,n\}$。对于集合 A 中的任意元素 $\alpha = (x_1,x_2,\cdots,x_n)$ 和 $\beta = (y_1,y_2,\cdots,y_n)$，记 $M(\alpha,\beta) = \dfrac{1}{2}[(x_1+y_1-|x_1-y_1|)+(x_2+y_2-|x_2-y_2|)+\cdots+(x_n+y_n-|x_n-y_n|)]$。

(1) 当 $n=3$ 时，若 $\alpha=(1,1,0)$，$\beta=(0,1,1)$，求 $M(\alpha,\alpha)$ 和 $M(\alpha,\beta)$ 的值。

(2) 当 $n=4$ 时，设 B 是 A 的子集，且满足：对于 B 中的任意元素 α,β，当 α,β 相同时，$M(\alpha,\beta)$ 是奇数；当 α,β 不同时，$M(\alpha,\beta)$ 是偶数。求集合 B 中元素个数的最大值。

(3) 给定不小于 2 的 n，设 B 是 A 的子集，且满足：对于 B 中的任意两个不同的元素 α,β，$M(\alpha,\beta)=0$，写出一个集合 B，使其元素个数最多，并说明理由。

39. 已知集合 $A,B \subseteq \mathbf{N}^*$，且 $|A|=20$，$|B|=16$. 集合 A 满足：若 $a+b=m+n(a,b,m,n\in A)$，则 $\{a,b\}=\{m,n\}$. 定义 $A+B=\{a+b \mid a\in A,b\in B\}$，试确定 $|A+B|$ 的最小值.

40. 对有限集 S，记其一些子集组成的集合为 F. 对 $C\subseteq F$，若其中任意两个不同的元素 A_i,A_j 满足 $A_i\subseteq A_j$ 或 $A_j\subseteq A_i$，则称 C 为 F 的一条链；若其中任意两个不同的元素 A_i,A_j 没有包含关系，则称 C 为 F 的一条反链. 如果链 C 满足不存在一条包含 C 的链 $C_1(C_1\neq C)$，则称 C 为一条极大链；如果反链 C 满足不存在一条包含 C 的反链 $C_2(C_2\neq C)$，则称 C 为一条极大反链. 我们称 F 中的元素最多的一条链为最长链，F 中的元素最多的一条反链为最长反链.

(1) 证明：如果 F 的最长链的长度（即元素个数）为 n，则 F 能分划成 n 条互不相交的反链.

(2) 证明：(Dilworth 定理) 如果 F 的最长反链的长度（即元素个数）为 n，则 F 能分划成 n 条互不相交的链.

(3) 对集合 $S=\{1,2,3,4,5\}$，设 C 是由一些 S 的子集组成的集合，满足其中任意两个不同元素互不包含，求 $|C|$ 的最大值.

第 *3* 章　简易逻辑

简易逻辑的基本知识在高中课内均有涉及,这里仅做简单罗列,不做详细介绍.

1. 命题的真假

(1)逻辑联结词:或、且、非.

(2)对命题 p,q,我们记 p 或 q 为 $p \lor q$,p 且 q 为 $p \land q$;$\neg p$ 表示非 p.

(3)简单命题和复合命题的真假判断.

(4)全称量词与存在量词.

2. 四种命题

四种命题包括原命题、逆命题、否命题、逆否命题,其中原命题与逆否命题等价.
判断命题的真假可以从逆否命题出发.

3. 充分条件与必要条件

习题精编

1. 若命题"$\exists x_0 \in \mathbf{R}$,使得 $x_0^2 + mx_0 + 2m + 5 < 0$"为假命题,则实数 m 的取值范围是　　　(　　)

　　A. $[-10,6]$　　　　　　B. $(-6,2)$　　　　　　C. $[-2,10]$　　　　　　D. $(-2,10)$

2. 已知命题 p:$\forall x \in [1,2]$,$x^2 - a \geqslant 0$;命题 q:$\exists x \in \mathbf{R}$,$x^2 + 2ax + 2 - a = 0$.若命题"p 且 q"是真命题,则实数 a 的取值范围为　　　(　　)

　　A. $a \leqslant -2$ 或 $a = 1$　　　　　　　　　　　B. $a \leqslant -2$ 或 $1 \leqslant a \leqslant 2$

　　C. $a \geqslant 1$　　　　　　　　　　　　　　　　D. $-2 \leqslant a \leqslant 1$

3. 若集合 $A = \{x \mid 2^x > 1\}$,集合 $B = \{x \mid \lg x > 0\}$,则"$x \in A$"是"$x \in B$"的　　　(　　)

　　A. 充分不必要条件　　　　　　　　　　　B. 必要不充分条件

　　C. 充要条件　　　　　　　　　　　　　　D. 既不充分也不必要条件

4. 下列选项说法正确的个数是　　　　　　　　　　　　　　　　　　　　（　　）

①命题"$\forall x \in \mathbf{R}, x^3 - x^2 + 1 \leqslant 0$"的否定是"$\exists x_0 \in \mathbf{R}, x_0^3 - x_0^2 + 1 > 0$";

②"$b = \sqrt{ac}$"是"三个数 a, b, c 成等比数列"的充要条件;

③"$m = -1$"是"直线 $mx + (2m-1)y + 1 = 0$ 和直线 $3x + my + 2 = 0$ 垂直"的充要条件;

④"复数 $z = a + b\mathrm{i}(a, b \in \mathbf{R})$ 是纯虚数"的充要条件是"$a = 0$".

A. 1　　　　　　　　B. 2　　　　　　　　C. 3　　　　　　　　D. 4

5. 已知命题 p: $\forall x \in (0, +\infty), x^2 + 1 \geqslant -mx$ 恒成立; 命题 q: 方程 $\dfrac{x^2}{m^2} + \dfrac{y^2}{2m+8} = 1$ 表示焦点在 x 轴上的椭圆. 若命题"p 且 q"为假, 求实数 m 的取值范围.

6. 设命题 p: 实数 x 满足 $x^2 - 4ax + 3a^2 < 0$, 其中 $a > 0$; 命题 q: 实数 x 满足 $x^2 - 5x + 6 \leqslant 0$.

(1)若 $a = 1$, 且"$p \wedge q$"为真, 求实数 x 的取值范围.

(2)若 p 是 q 成立的必要不充分条件, 求实数 a 的取值范围.

7. 设命题 $p:|4x-1|\leqslant1;q:x^2-(2a+1)x+a(a+1)\leqslant0.$ 若 $\neg p$ 是 $\neg q$ 的必要不充分条件，求实数 a 的取值范围.

8. 已知命题 $p:$ 方程 $x^2+y^2-2mx+2m^2-2m=0$ 表示圆；命题 $q:$ 双曲线 $\dfrac{y^2}{5}-\dfrac{x^2}{m}=1$ 的离心率 $e\in(1,2).$ 若命题" $p\wedge q$ "为假命题，" $p\vee q$ "为真命题，求实数 m 的取值范围.

9. 集合 $A=\left\{x\left|\dfrac{x-1}{x+1}<0\right.\right\}$，$B=\{x\mid|x-b|<a\}$．若"$a=1$"是"$A\cap B\neq\varnothing$"的充分条件，则 b 的取 值范围是　　　　　　　　　　　　　　　　　　　　　　　　　　（　　）

A. $-2\leqslant b<2$　　　　　　　　　　　B. $-2<b\leqslant 2$

C. $-3<b<-1$　　　　　　　　　　　D. $-2<b<2$

10. 已知命题 p：在 $\mathbf{R}$ 上定义运算 $\otimes$，$x\otimes y=(1-x)y$，不等式 $x\otimes(1-a)x<1$ 对任意实数 x 恒 成立；命题 q：若不等式 $\dfrac{x^2+ax+6}{x+1}\geqslant 2$ 对任意 $x\in\mathbf{N}^*$ 恒成立．若命题"$p\wedge q$"为假命题，"$p\vee q$" 为真命题，求实数 a 的取值范围．

11. 命题"$\exists x\in\mathbf{Z},x^2+2x+m\leqslant 0$"的否定是　　　　　　　　　　．

12. 已知命题 p：$|x-3|<1$；命题 q：$x^2+x-6>0$，则 p 是 q 的　　　　　　条件．

13. 设集合 $A=\left\{x\left|\dfrac{x-1}{x+1}<0\right.\right\}$，$B=\{x\mid|x-1|<a\}$，则"$a=1$"是"$A\cap B\neq\varnothing$"的　　　条件．

14. 已知命题 p：$f(x)=x^3+2x^2+mx+1$ 在 $x\in[-1,1]$ 上单调递增；命题 q：$m>\dfrac{1}{3}$，则 p 是 q 的 　　　　　条件．

15. 对于实数集 $\mathbf{R}$ 的任意子集 U，我们在 $\mathbf{R}$ 上定义函数 $f_U(x)=\begin{cases}1,x\in U,\\0,x\notin U.\end{cases}$ 如果 A,B 是 $\mathbf{R}$ 的两 个子集，则 $f_A(x)+f_B(x)\equiv 1$ 的充分必要条件是　　　　　　．

16. 给出下列四个命题.

①命题"$\exists x \in \mathbf{R}, x^2 + 1 > 3x$"的否定是"$\forall x \in \mathbf{R}, x^2 + 1 \leqslant 3x$";

②"$m = -2$"是"直线$(m+2)x + my + 1 = 0$与直线$(m-2)x + (m+2)y - 3 = 0$相互垂直"的必要不充分条件;

③设圆$x^2 + y^2 + Dx + Ey + F = 0 (D^2 + E^2 - 4F > 0)$与坐标轴有4个交点,分别为$A(x_1, 0)$,$B(x_2, 0), C(0, y_1), D(0, y_2)$,则$x_1 x_2 - y_1 y_2 = 0$;

④关于x的不等式$|x+1| + |x-3| \geqslant m$的解集为$\mathbf{R}$,则$m \leqslant 4$.

其中所有真命题的序号是_____.

17. 已知关于x的不等式$(x-a)(x-a-2) \leqslant 0$的解集为A,集合$B = \{x \mid -2 \leqslant x \leqslant 2\}$. 若"$x \in A$"是"$x \in B$"的充分不必要条件,则实数$a$的取值范围是_____.

18. 已知命题$p: \exists x \in \mathbf{R}, ax^2 + 2ax + 1 \leqslant 0$. 若命题$\neg p$是真命题,则实数$a$的取值范围是_____.

19. 由命题"$\exists x \in \mathbf{R}, x^2 + 2x + m \leqslant 0$"是假命题,求得实数$m$的取值范围是$(a, +\infty)$,则实数$a = $_____.

20. 若不等式$\dfrac{x-m+1}{x-2m} < 0$成立的一个充分不必要条件是$\dfrac{1}{3} < x < \dfrac{1}{2}$,则实数$m$的取值范围是_____.

21. 给出下列三个结论.

①若命题p为假命题,命题$\neg q$为假命题,则命题"$p \vee q$"为假命题;

②命题"$\exists x \neq 0, y \neq 0$,使得$xy = 0$"的否命题为"$\forall x \neq 0, y \neq 0, xy \neq 0$";

③命题"$\forall x \in \mathbf{R}, 2^x > 0$"的否定是"$\exists x \in \mathbf{R}, 2^x \leqslant 0$".

以上结论正确的个数为_____.

22. 已知命题p: $\triangle ABC$的内心与外心重合;命题q: $\triangle ABC$是正三角形,p是q的_____条件.

23. 已知$\triangle ABC$,则"$\triangle ABC$是锐角三角形"是"$\sin A + \sin B + \sin C > \cos A + \cos B + \cos C$"的_____条件.

24. 设$a_1, a_2, \cdots, a_n \in \mathbf{R}, n \geqslant 3$. 已知命题$p: a_1, a_2, \cdots, a_n$成等比数列,命题$q: (a_1^2 + \cdots + a_{n-1}^2) \cdot (a_2^2 + \cdots + a_n^2) = (a_1 a_2 + \cdots + a_{n-1} a_n)^2$,则$p$是$q$的_____条件.

25. 在$\triangle ABC$中,"$\tan A + \tan B + \tan C > 0$"是"$\triangle ABC$为锐角三角形"的_____条件.

26. 已知非零实数a, b, c, A, B, C,则"$ax^2 + bx + c \geqslant 0$与$Ax^2 + Bx + C \geqslant 0$解集相同"是"$\dfrac{a}{A} = \dfrac{b}{B} = \dfrac{c}{C}$"的_____条件.

27. 已知命题 p:方程 $x^2-ax+a+3=0$ 有解;命题 q:$\dfrac{1}{4^x}+\dfrac{1}{2^x}-a>0$ 在 $[1,+\infty)$ 上恒成立. 若"$p \vee q$"为真命题,"$p \wedge q$"为假命题,求实数 a 的取值范围.

28. 已知命题 p:$\left|1-\dfrac{x-1}{2}\right| \leqslant 2$;命题 q:$x^2-2x+1-a^2<0(a>0)$. 若 $\neg p$ 是 $\neg q$ 的必要不充分条件,求实数 a 的取值范围.

29. 设命题 p：函数 $f(x)=\lg(x^2-4x+a^2)$ 的定义域为 $\mathbf{R}$；命题 q：$\forall m\in[-1,1]$，不等式 $a^2-5a-3\geqslant\sqrt{m^2+8}$ 恒成立. 如果命题"$p\vee q$"为真命题，且"$p\wedge q$"为假命题，求实数 a 的取值范围.

30. 对实数数列 $\{x_n\}$，我们定义一个数列的极限：对实数 a，若对任意 $\varepsilon>0$，存在 $N\in\mathbf{N}^*$，使得当 $n\geqslant N$ 时，恒有 $|a_n-a|<\varepsilon$ 成立，则称 a 为实数数列 $\{x_n\}$ 的极限.

请给出实数 a 不是一个数列的极限的充要条件.

第 4 章　集合的阶与组合计数

1. 集合的阶

集合的阶是指集合元素的个数. 对于有限集 A, 用 $|A|$ 或 $\mathrm{Card}(A)$ 表示 A 的阶.

2. 集合的阶的应用

集合的阶最常见的应用是容斥原理, 容斥原理是组合计数常用的一种方法.

容斥原理: 对有限集 $A_1, A_2, \cdots, A_n$, 有

$$|A_1 \bigcup A_2 \bigcup \cdots \bigcup A_n|$$

$$= \sum_{i=1}^{n} |A_i| - \sum_{1 \leqslant i < j \leqslant n} |A_i \bigcap A_j| + \cdots$$

$$+ (-1)^{k-1} \sum_{1 \leqslant i_1 < \cdots < i_k \leqslant n} |A_{i_1} \bigcap \cdots \bigcap A_{i_k}| + \cdots + (-1)^{n-1} |A_1 \bigcap \cdots \bigcap A_n|.$$

习题精编

1. 已知 A 与 B 是集合 $\{1, 2, 3, \cdots, 100\}$ 的两个子集, 满足: A 与 B 的元素个数相同, 且 $A \bigcap B$ 为空集, 若 $n \in A$, 则 $2n + 2 \in B$, 则集合 $A \bigcup B$ 的元素个数最多为 _____.

2. 已知集合 $X = \{x_1, x_2, \cdots, x_n\} (n \geqslant 3, n \in \mathbf{N}^*)$, 若数列 $\{x_n\}$ 是等差数列, 记集合 $P(X) = \{x_i + x_j \mid x_i, x_j \in X, 1 \leqslant i < j \leqslant n\}$ 的元素个数为 $|P(X)|$, 则 $|P(X)|$ 关于 n 的表达式为 _____.

3. 设集合 $S = \{1, 2, \cdots, n\}$, A 为至少含有 2 项的公差为正的等差数列, 其项都在 S 中, 且添加 S 的其他元素于 A 后不能构成与 A 有相同公差的等差数列. 求这种 A 的个数 (这里只有 2 项的数列也看作等差数列).

4. 集合 $I=\{1,2,3,4,5,6,7,8\}$. 如果 I 的非空子集 A,B 满足 $A\cap B=\varnothing$, 就称有序集合对 (A,B) 为 I 的"隔离集合对", 则集合 I 的"隔离集合对"的对数_____. (用具体数字作答)

5. 已知三个非空集合 A,B,C 都是集合 $S=\{1,2,3,4,5,6\}$ 的子集, A 中最大的元素小于 B 中最小的元素, B 中最大的元素小于 C 中最小的元素, 则满足条件的有序组 (A,B,C) 共有 _____ 组.

6. 设 $n,k\in\mathbf{N}^*(k\leqslant n)$, S 是含有 n 个互异实数的集合, 并设

$$T=\{a\mid a=x_1+x_2+\cdots+x_k,x_i\in S,x_i\neq x_j(i\neq j),1\leqslant i,j\leqslant k\}.$$

求证: $|T|\geqslant k(n-k)+1$.

7. 设集合 $A=\{a\mid 1\leqslant a\leqslant 2000,a=4k+1,k\in\mathbf{Z}\}$, 集合 $B=\{b\mid 1\leqslant b\leqslant 3000,b=3k-1,k\in\mathbf{Z}\}$, 求 $|A\cap B|$.

8. 有多少种选择集合 $\{1,2,\cdots,n\}$ 的子集 A,B,C 的方法,满足: $A\cap B\cap C=\varnothing$, $A\cap B\neq\varnothing$, $A\cap C\neq\varnothing$?

9. 设集合 $A=\{1,2,3,\cdots,99\}$,集合 $B=\{2x\,|\,x\in A\}$,集合 $C=\{x\,|\,2x\in A\}$,则集合 $B\cap C$ 的元素个数为_____.

10. 集合 $\left\{x\,\middle|\,-1\leqslant\log_{\frac{1}{x}}10<-\dfrac{1}{2},x\in\mathbf{N}^*\right\}$ 的真子集的个数是_____.

11. 已知集合 $A=\{1,2,3\}$,映射 $f:A\to A$,且满足对任意 $x\in A$,有 $f(f(x))\geqslant x$,则这样的映射有_____种.

12. 用 $n(A)$ 表示非空集合 A 中的元素个数,定义 $A*B=\begin{cases}n(A)-n(B),\text{当 }n(A)\geqslant n(B),\\n(B)-n(A),\text{当 }n(A)<n(B).\end{cases}$

若 $A=\{x\,|\,x^2-ax-14=0,a\in\mathbf{R}\}$, $B=\{x\,|\,|x^2+bx+2014|=2013,b\in\mathbf{R}\}$. 设 $S=\{b\,|\,A*B=1\}$,则 $n(S)$ 等于_____.

13. 若三个非零且互不相等的实数 a,b,c 满足 $\dfrac{1}{a}+\dfrac{1}{b}=\dfrac{2}{c}$,则称 a,b,c 是调和的,若满足 $a+c=2b$,则称 a,b,c 是等差的. 已知集合 $M=\{x\,|\,|x|\leqslant 2013,x\in\mathbf{Z}\}$,集合 P 是集合 M 的三元子集,即 $P=\{a,b,c\}\subset M$. 若集合 P 中的元素 a,b,c 既是调和的,又是等差的,则称集合 P 为"好集",则不同的"好集"的个数为_____.

14. 若集合 $\{a,b,c,d\}=\{1,2,3,4\}$,且下列四个关系:①$a=1$;②$b\neq 1$;③$c=2$;④$d\neq 4$ 中有且只有一个是正确的,则符合条件的有序数组 (a,b,c,d) 的组数是_____.

15. 集合 $U=\{1,2,3,\cdots,10\}$,则 U 的元素两两互素的三元子集有_____个.

16. 设集合 $M=\{1,2,3,\cdots,1995\}$, A 是 M 的子集且满足条件:当 $x\in A$ 时, $15x\notin A$. 则 A 中元素的个数最多是_____.

17. 设集合 $X=\{1,2,\cdots,20\}$, A 是 X 的子集, A 的元素个数至少是 2,且 A 的所有元素可排成连续的正整数,则这样的集合 A 的个数为_____.

18. 设集合 $A=\{1,2,3,4\}$，$B\subseteq\{1,2,3,\cdots,9\}$，已知 $A\cap B\neq\varnothing$，则 B 有_____种可能.

19. 设集合 $A=\{(m,n)\mid(m+1)\mid(m+2)+\cdots+(m+n)-10^{2015},m\in\mathbf{Z},n\in\mathbf{N}^*\}$，则集合 A 中的元素个数为_____.

20. 已知集合 $U=\{1,2,\cdots,8\}$，$A=\{1,2,3,4,5\}$，$B=\{4,5,6,7,8\}$，则是 U 的子集但既不是 A 的子集也不是 B 的子集的集合个数为_____.

21. 已知集合 A,B,C 是集合 $\{1,2,\cdots,2020\}$ 的子集，且满足 $A\subseteq B\subseteq C$，则这样的有序对 (A,B,C) 有_____组.

22. 考虑集合 $S=\{1,2,\cdots,10\}$ 的所有非空子集，若一个非空子集中的偶数数目不少于奇数的数目，则称其为"好子集"，则"好子集"的数目有_____.

23. 已知两个实数集合 $A=\{a_1,a_2,\cdots,a_{100}\}$ 与 $B=\{b_1,b_2,\cdots,b_{50}\}$，若从 A 到 B 的映射 f 使得 B 中每个元素都有原像，且 $f(a_1)\leqslant f(a_2)\leqslant\cdots\leqslant f(a_{100})$，则这样的映射共有_____个.

24. 如果 $\{1,2,\cdots,9\}$ 的某个非空子集中所有元素之和是 3 的倍数，则称该子集为"忐忑子集"，那么，"忐忑子集"的个数是_____.

25. 已知集合 $I=\{0,1,2,\cdots,22\}$，设 $A=\{(a,b,c,d)\mid a,b,c,d\in I,a+d\equiv1(\bmod 23),ad-bc\equiv0(\bmod 23)\}$，则集合 A 中的元素个数为_____.

26. 设集合 $S=\{1,2,3,4,5\}$，则满足 $f(f(x))=x$ 的映射 $f:S\to S$ 的种数为_____.

27. 已知函数 $f:\{1,2,\cdots,10\}\to\{1,2,3,4,5\}$，且对 $k=1,2,\cdots,9$，有 $|f(k+1)-f(k)|\geqslant3$，则符合条件的函数 f 的个数为_____.

28. 对集合 $S=\{1,2,3,4,5,6,7\}$，则满足 $f(f(f(x)))=x$ 的双射 $f:S\to S$ 有_____种.

29. 设集合 $A=\{(x,y,z)\mid\log_{\frac14}(x^4+y^4+z^4+1)\geqslant-(\log_4 x+\log_4 y+\log_4 z+1)\}$，求 $|A|$.

30. 设 $A \subseteq \mathbf{N}^*$,且对任意 $x,y \in A,x \neq y$,有 $|x-y| \geqslant \dfrac{xy}{25}$,求 $|A|$ 的最大值.

31. 设 $a_1,a_2,\cdots,a_n$ 是 $1,2,\cdots,n$ 的一个排列,记集合

$$f_k = |\{i \mid a_i < a_k, i > k\}|, \quad g_k = |\{i \mid a_i > a_k, i < k\}|.$$

证明：$\displaystyle\sum_{k=1}^{n} f_k = \sum_{k=1}^{n} g_k.$

32. 设 F 是所有有序 n 元组 $(A_1,A_2,\cdots,A_n)$ 构成的集合,其中 $A_i(1\leqslant i\leqslant n)$ 都是集合 $\{1,2,\cdots,$ $2024\}$ 的子集,求 $\displaystyle\sum_{(A_1,A_2,\cdots,A_n)\in F}|A_1\cup A_2\cup\cdots\cup A_n|$ 的值.

33. 设集合 $S_n=\{1,2,\cdots,n\}$. 若 Z 是 S_n 的子集,则把 Z 中的所有数的和称为 Z 的"容量"(规定空集的容量为 0). 若 Z 的容量为奇(偶)数,则称 Z 为 S_n 的奇(偶)子集.

(1)求证:S_n 的奇子集与偶子集个数相等.

(2)求证:当 $n\geqslant 3$ 时,S_n 的所有奇子集的容量之和与所有偶子集的容量之和相等.

(3)当 $n\geqslant 3$ 时,求 S_n 的所有奇子集的容量之和.

34. 设 $a_1, a_2, \cdots, a_{20} \in \{1,2,3,4,5\}$，$b_1, b_2, \cdots, b_{20} \in \{1,2,\cdots,10\}$，设集合
$$X = \{(i,j) \mid 1 \leqslant i < j \leqslant 20, (a_i - a_j)(b_i - b_j) < 0\}.$$
求 $|X|$ 的最大值.

35. 给定整数 $n \geqslant 2$，试求 $|X|$ 的最小值，使得对任意 X 的 n 个二元子集 $B_1, B_2, \cdots, B_n$，存在 X 的子集 Y，满足：

(1) $|Y| = n$；

(2) $|Y \cap B_i| \leqslant 1 (i = 1, 2, \cdots, n)$.

36. 试求集合 $\{1,2,\cdots,2021\}$ 的非空子集中元素和为 3 的倍数的集合的个数.

37. 对非空有限复数集合 A,定义 A 的"陶模"为 $\left|\sum_{z\in A}z\right|$. 给定整数 $n\geq 3$,设集合

$$U_n=\left\{\cos\frac{2k\pi}{n}+\mathrm{i}\sin\frac{2k\pi}{n}\middle|k=0,1,\cdots,n-1\right\}.$$

记 a_n 为 U_n 的陶模为 0 的非空子集的个数,b_n 为 U_n 的陶模为 1 的非空子集的个数. 比较 na_n 和 $2b_n$ 的大小.

38. 设集合 $M=\{m\mid m\in\mathbf{Z},|m|\leq 2018\}$,$M$ 的子集 S 满足:对 $\forall a,b,c\in S$(不必不同),$a+b+c\neq 0$. 试求 $|S|$ 的最大值.

第 **5** 章 极端原理与容斥原理

1. 极端原理

对于一类特殊的实数的集合,我们有以下结论.

(1)最小数原理 I:设 M 是自然数的一个非空子集,则 M 中必有最小数.

(2)最小数原理 II:设 M 是实数的一个有限非空子集,则 M 中必有最小数.

(3)推论:设 M 是实数的一个有限非空子集,则 M 中必有最大数.

考虑极端情况,是解决数学问题的非常重要的思考方式.

在具体解题过程中,常用到的极端元素有:数集中的最大数与最小数;两点间或点到直线的距离的最大值与最小值;图形的最大面积与最小面积;数列的最大项与最小项;含元素最多或最少的集合,等等.

2. 容斥原理

(1)容斥原理

以 $|A|$ 表示集合 A 中元素的个数,设 $A_1, A_2, \cdots, A_n$ 为有限集合,那么

$|A_1 \cup A_2 \cup \cdots \cup A_n|$

$$
\begin{aligned}
= \sum_{i=1}^{n} |A_i| &- \sum_{1 \leqslant i < j \leqslant n} |A_i \cap A_j| + \cdots \\
&+ (-1)^{k-1} \sum_{1 \leqslant i_1 < \cdots < i_k \leqslant n} |A_{i_1} \cap \cdots \cap A_{i_k}| + \cdots + (-1)^{n-1} |A_1 \cap \cdots \cap A_n|.
\end{aligned}
$$

特别地,当 $n=2$ 时, $|A_1 \cup A_2| = |A_1| + |A_2| - |A_1 \cap A_2|$.

证法一:用数学归纳法进行证明.

(i)当 $n=2$ 时, $|A_1 \cup A_2| = |A_1| + |A_2| - |A_1 \cap A_2|$ 成立.

(ii)假设 $n=t$ 时,结论成立,则当 $n=t+1$ 时,

$$
\begin{aligned}
|A_1 \cup A_2 \cup \cdots \cup A_t \cup A_{t+1}| &= |(A_1 \cup A_2 \cup \cdots \cup A_t) \cup A_{t+1}| \\
&= |A_1 \cup A_2 \cup \cdots \cup A_t| + |A_{t+1}| - |(A_1 \cup A_2 \cup \cdots \cup A_t) \cap A_{t+1}|. \quad ①
\end{aligned}
$$

易知

$$|(A_1 \cup A_2 \cup \cdots \cup A_t) \cap A_{t+1}| = |(A_1 \cap A_{t+1}) \cup (A_2 \cap A_{t+1}) \cup \cdots \cup (A_t \cap A_{t+1})|$$

$$= \sum_{i=1}^{t} |A_i \cap A_{t+1}| - \sum_{1 \leqslant i < j \leqslant t} |(A_i \cap A_{t+1}) \cap (A_j \cap A_{t+1})| + \cdots + (-1)^t |(A_1 \cap A_{t+1})$$

$$\cap (A_2 \cap A_{t+1}) \cap \cdots \cap (A_t \cap A_{t+1})|$$

$$= \sum_{i=1}^{t} |A_i \cap A_{t+1}| - \sum_{1 \leqslant i < j \leqslant t} |A_i \cap A_j \cap A_{t+1}| + \cdots + (-1)^t |A_1 \cap A_2 \cap \cdots \cap A_t \cap A_{t+1}|. \quad ②$$

把②代入①并用归纳假设得

$$|A_1 \cup A_2 \cup \cdots \cup A_{t+1}| = \sum_{i=1}^{t+1} |A_i| - \sum_{1 \leqslant i < j \leqslant t+1} |A_i \cap A_j| + \sum_{1 \leqslant i < j < k \leqslant t+1} |A_i \cap A_j \cap A_k| -$$

$$\cdots + (-1)^t |A_1 \cap A_2 \cap \cdots \cap A_{t+1}|.$$

综合（ⅰ）（ⅱ），由数学归纳法可知结论成立.

证法二：计算元素的贡献. 设 $A_1 \cup A_2 \cup \cdots \cup A_n = \{x_1, \cdots, x_t\}$，设元素 x_i 出现在 y_i 个集合中，则我们看到在 $\sum\limits_{1 \leqslant i_1 < \cdots < i_i \leqslant n} |A_{i_1} \cap \cdots \cap A_{i_k}|$ 中，元素 x_i 贡献 $C_{y_i}^k$ 次（实际上就是在出现的 y_i 个集合中选择 k 个不同的集合为一组），故可知对右端式子，x_i 的贡献为

$$y_i - C_{y_i}^2 + C_{y_i}^3 + \cdots + (-1)^{k-1} C_{y_i}^k + \cdots + (-1)^{n-1} C_{y_i}^n = -(1-1)^{y_i} + 1 = 1.$$

故可知左右式子贡献一样，由此可知结论成立.

注：贡献法是一种常见的证明方法.

（2）容斥原理的对偶式

设 S 是有限集合，$A_i \subseteq S(i=1,2,\cdots,n)$，$A_i$ 在 S 中的补集为 $\overline{A_i}$，则

$$|\overline{A_1} \cap \overline{A_2} \cap \cdots \cap \overline{A_n}|$$

$$= |S| - \sum_{i=1}^{n} |A_i| + \sum_{1 \leqslant i < j \leqslant n} |A_i \cap A_j| + \cdots$$

$$+ (-1)^k \sum_{1 \leqslant i_1 < \cdots < i_k \leqslant n} |A_{i_1} \cap \cdots \cap A_{i_k}| + \cdots + (-1)^n |A_1 \cap \cdots \cap A_n|.$$

此等式也被称为逐步淘汰原理.

习题精编

1. （Sylvester-Gallai 定理）给定平面上不全在一条直线上的有限个点，试证：必有一条直线只经过其中的两点.

2. 网球比赛,20 位选手参加 14 场单打比赛,每人至少上场一次,求证:必有 6 场比赛,其中 12 位选手各不相同.

3. (Fermat 定理)证明:$x^4 + y^4 = z^2$ 不存在正整数解.

4. 设 a, b 为正整数,满足 $ab + 1 \mid a^2 + b^2$,证明:$\dfrac{a^2 + b^2}{ab + 1}$ 为完全平方数.

5. 某班对数学、物理、化学三科总评成绩统计如下. 数学优秀 21 人,物理优秀 19 人,化学优秀 20 人,数学、物理都优秀 9 人,物理、化学都优秀 7 人,化学、数学都优秀 8 人,所有科都优秀 3 人. 这个班有 5 人任何一科都不优秀. 请确定这个班的人数.

6. 将 6 个数 2,0,1,9,20,19 按任意次序排成一行,拼成一个八位数(首位不为 0),则产生的不同的八位数的个数为_____.

7. 一个均匀的正方体骰子的各面上分别标有数字 1,2,…,6,每次投掷这样两个相同的骰子,规定向上的两个面上的数字之和为这次投掷的点数. 那么,投掷 3 次所得三个点数之积能被 14 整除的概率是_____.(用最简分数表示)

8. 已知有 1992 位数学家,每人至少与 1329 人合作过. 证明:其中一定有四位数学家两两合作过.

9. 对 $p_i(i=1,2,\cdots,m)$ 为 n 的全部不同素因子,记 $\varphi(n)$ 为所有不超过 n 且与 n 互质的正整数个数,证明:$\varphi(n)=n\prod_{i=1}^{m}\left(1-\dfrac{1}{p_i}\right)$.

10. (伯努利装错信问题)有 n 封不同的信和 n 个配套的写有收信人地址的信封,现将 n 封信一对一地装入 n 个信封中,结果发现没有一封信是装对的(即每封信都没有按地址装入其对应的信封中).问:有多少种不同的装法?

11. 求不定方程 $x+y+z+w=20$ 的正整数解的组数,其中 $x\leqslant 6,y\leqslant 7,z\leqslant 8,w\leqslant 9$.

12. 50 名学生面向老师站成一排,老师先让大家从左到右按 $1,2,3,\cdots$ 依次报数,再让报数是 4 的倍数的同学向后转,接着又让报数是 6 的倍数同学向后转,则此时还有_____名同学面向老师.

13. 从整数序列: $1,2,3,4,\cdots$ 中依次划去 3 的倍数和 4 的倍数,但其中 5 的倍数均保留.划完后剩下的整数依次组成一个新的序列: $1,2,5,7,\cdots$,则该序列中第 2002 个整数为_____.

14. 由 $1,2,3$ 组成的 $n(n\geqslant 3)$ 位数中, $1,2,3$ 每个至少出现一次,则这样的 n 位数的个数为_____.

15. 设 $a_1,a_2,\cdots,a_{10}$ 是 $1,2,\cdots,10$ 的一个随机排列,则 $a_1a_2,a_2a_3,\cdots,a_9a_{10}$ 这 9 个相邻项的积中既出现 9 又出现 12 的概率为_____.

16. 在 a,b,c,d,e,f 这 6 个字母的全排列中,不出现 abc 和 de 的排列的个数为_____.

17. 对集合 $S,n(S)$ 表示 S 的子集的个数.设 A,B,C 为三个集合,满足 $n(A)+n(B)+n(C)=n(A\cup B\cup C)$, $|A|=|B|=100$,则 $|A\cap B\cap C|$ 的最小值为_____.

18. 将 2 个相同的白球、3 个相同的红球、4 个相同的黑球全部放入三个不同的袋子中,则没有空袋的放法种数为_____.

19. 对于 $0\leqslant x\leqslant 100$,函数 $f(x)=[x]+[2x]+\left[\dfrac{5x}{3}\right]+[3x]+[4x]$ 所取得的不同整数值的个数为_____.

20. 8 位乘客随意登上 6 节车厢,恰有 2 节车厢空着的上车方式有_____种.

21. 3 对夫妻任意排成一行,则没有任何一对夫妻相邻的排法总数为_____.

22. 在 $1,2,\cdots,9$ 的全排列中,偶数都在原位置上,其余都不在原位置上的排法个数为_____.

23. 由数字 $1,2,\cdots,8$ 组成的 $n(n\geqslant 5)$ 位自然数中(数字可以重复),同时包含数字 $1,2,3,4,5$ 的数有_____个.

24. 现有 7 把钥匙和 7 把锁,用这些钥匙随机开锁,则 D_1,D_2,D_3 这三把钥匙不能打开对应的锁的概率为_____.

25. 袋子中有 5 个不同白球、4 个不同红球、3 个不同黄球,从中任意取 4 个球,各种颜色的球都有的概率为_____.

26. 有 6 张分别标有 $1,2,3,4,5,6$ 的卡片,每次从中抽取一张,记下上面的数字,然后放回.这样抽取了 4 次,则抽到的最大数与最小数相差 5 的概率为_____.

27. 设 $1\leqslant x,y,z\leqslant 6$,则自然数 x,y,z 的乘积能被 10 整除的取值方式有_____种.

28. 设 $a_1,a_2,\cdots,a_{2024}\in\mathbf{R}$,满足 $a_{n+2}=\sqrt{a_n+2}(n=1,2,\cdots,2024)$,其中 $a_{2025}=a_1,a_{2026}=a_2$,则 $a_1+a_2+\cdots+a_{2024}=$_____.

29. 在复平面上,任取方程 $z^{100}-1=0$ 的 3 个不同的根为顶点组成三角形,则不同的锐角三角形的数目为 _____ 个(通过位置变换而相同的三角形不视为同一个).

30. 将自然数 1 至 100 填入 10×10 个方格中,每个方格填 1 个数.求证:无论怎样填,总不能使每两个有公共边的方格中所填数之差都不超过 5.

31. 25 个人组成若干个委员会,每个委员会都有 5 名成员,每两个委员会至多有 1 名公共成员.证明:委员会的个数不超过 30.

32. 在一次军事演习中,红方的一条直线防线上设有 20 个岗位.为了试验 5 种不同的新式武器,打算安排 5 个岗位配备这些新式武器(每个岗位只能配备一种武器),要求第一个和最后一个岗位不配备新式武器,且每相邻 5 个岗位至少有一个岗位配备新式武器,相邻 2 个岗位不同时配备新式武器.问:共有多少种配备新式武器的方案?

33. 设有 $2n \times 2n$ 的正方形方格棋盘,在其中任意 $3n$ 个方格中各放 1 枚棋子,求证:可以选出 n 行和 n 列,使得 $3n$ 枚棋子都在这 n 行或 n 列中.

34. 证明:方程 $x^2+y^2=3(z^2+u^2)$ 不存在正整数解.

35. 给定平面上 $2n$ 个任意三点均不共线的点,其中 n 个红点、n 个蓝点.用线段将红点和蓝点连接,每个红点仅和一个蓝点相连,每个蓝点仅和一个红点相连,得到 n 条线段.

证明:存在一种连接方式,使得得到的 n 条线段互不相交.

36. 已知有 n 座岛,有些岛之间有一座桥连接.已知每座岛都至少与 2 个岛有桥连接.

证明:存在一些岛 $A_1,A_2,\cdots,A_k$,使得 A_i 与 $A_{i+1}(i=1,2,\cdots,k,A_{k+1}=A_1)$ 有桥相连.

37. $n(n>3)$ 名乒乓球选手单打若干场后,任意两名选手已赛过的对手恰好都不完全相同. 试证明:总可以从中去掉一名选手,使在余下的选手中,任意两个选手已赛过的对手仍然都不完全相同.

38. 已知 31 位学生参加了某次考试,考试共有 10 道题,每位学生解出了至少 6 道题. 求证:存在 2 位学生,他们解出的题目中至少有 5 道相同.

39. 有三所学校,每所学校有 n 名学生,已知任意一名学生认识其他两所学校学生的总数都是 $n+1$.证明:每所学校都存在 1 名学生,使得这 3 名学生互相认识(假设认识是相互的).

40. 从 $1,2,\cdots,100$ 这 100 个正整数中任取 n 个数,在这 n 个数中总能得到 4 个数,它们两两互素.求 n 的最小值.

41. (推广的容斥原理)对集合 S,设 $P=\{P_1,P_2,\cdots,P_m\}$ 为一组性质,记 $P(x)$ 表示 x 所满足的性质的集合. 在逐步淘汰原理中我们已经研究了都不满足性质的元素的个数,现在考虑更一般的情形,即恰好满足 r 个性质的元素的个数.

记 $Q\subseteq P$,令 $G(\supseteq Q)=\{x\in S\,|\,Q\subseteq P(x)\}$ 表示 S 中至少满足 Q 的那些性质的元素组成的集合. 令

$$g_r=\sum_{|Q|=r}|G|,\quad e_r=\{x\in S\,|\,|P(x)|=r\},$$

其中当 $r>m$ 时,$g_r=e_r=0$.

证明:(1) $g_r=\sum_{i=r}^{m}C_i^r e_i$.

(2) $e_r=\sum_{i=r}^{m}(-1)^{i-r}C_i^r g_i$.

第 6 章　集合的分划与子集族

1. 集合的分划

对集合 S；设 $A_1,A_2,\cdots,A_m$ 为 S 的子集，满足
$$A_1 \bigcup A_2 \bigcup \cdots \bigcup A_m = S, A_i \bigcap A_j = \varnothing\ (1 \leqslant i < j \leqslant m),$$
则称 $A_1,A_2,\cdots,A_m$ 为 S 的一个分划.

分划在组合数学中相当常见，例如，我们可以按照同余类分划自然集，更一般地，即按等价类分划某些集合.

分划的方法、抽屉原理等常组合在一起使用.

2. 子集族

子集族是一些子集组成的集合，很多时候我们会对一些子集的关系进行研究（例如，互不包含，或者交、并运算下的性质）. 研究子集的性质和子集族的性质是组合数学中的重要内容.

习题精编

1. 证明：可以将集合 $\{1,2,\cdots,1989\}$ 分划为 117 个互不相交的子集 $A_i(i=1,2,\cdots,117)$，使得
(1) 每个 A_i 都含有 17 个元素；(2) 每个 A_i 中各元素之和都相同.

2. 设集合 $A=\{1,2,\cdots,m\}$，求最小的正整数 m，使得对 A 的任意一个 14 -分划 $A_1,A_2,\cdots,A_{14}$，一定存在某个集合 $A_i(1\leqslant i\leqslant14)$，在 A_i 中存在 2 个元素 a,b，满足 $b<a\leqslant\dfrac{4}{3}b$.

3. 设集合 $A=\{1,2,\cdots,2018\}$．若 $\bigcup\limits_{i=1}^{4}A_i=A,A_i\bigcap A_j=\varnothing(i\neq j)$，则称 A_1,A_2,A_3,A_4 为集合 A 的一个四元分划，$A_i(i=1,2,3,4)$ 称为分划的一个块．

证明：集合 A 存在一个四元分划，其每一块中均找不到 10 个能构成等差数列的元素．

4. 设集合 $A_1, A_2, \cdots, A_n$ 和 $B_1, B_2, \cdots, B_n$ 是集合 M 的 2 个 n-分划,已知对任意两个交集为空集的集合 $A_i, B_j (1 \leqslant i, j \leqslant n)$,均有 $|A_i \cup B_j| \geqslant n$. 求证:$|M| \geqslant \dfrac{n^2}{2}$.

5. m, n 为整数且 $n > m \geqslant 2$,把 $\{m, m+1, \cdots, n\}$ 任意分划为 2 个子集,至少有一个子集中存在 a, b, c(不必不同),使 $a^b = c$. 求 n 的最小值 $f(m)$.

6. 给定整数 $n \geqslant 3$,证明:集合 $X = \{1, 2, 3, \cdots, n^2 - n\}$ 能写成两个不相交的非空子集的并,使得每一个子集均不包含满足以下条件的 n 个元素.

(1) $a_1, a_2, \cdots, a_n, a_1 < a_2 < \cdots < a_n$;

(2) $a_k \leqslant \dfrac{a_{k-1} + a_{k+1}}{2}, k = 2, 3, \cdots, n-1.$

7. 试证:任一有限集的全部子集可以排定次序,使得任意两个相邻子集都相差 1 个元素.

8. 已知集合 $A=\{1,2,\cdots,10\}$，求集合 A 的具有下列性质的子集个数：每个子集至少含有 2 个元素，且每个子集中任意两个元素的差的绝对值大于 1.

9. 集合 $A=\{0,1,2,\cdots,9\}$，$\{B_1,B_2,\cdots,B_k\}$ 是 A 的一族非空子集. 当 $i\neq j$ 时，$B_i\bigcap B_j$ 至多有 2 个元素，求 k 的最大值.

10. 设 S 是有 n 个元素的集合，ζ 是由 S 的 2^{n-1} 个子集构成的集合族，对于任意的 $A,B,C\in\zeta$，均有 $A\bigcap B\bigcap C$ 非空. 证明：ζ 中的所有集合的交集非空.

11. 设非空集合 $A \subseteq \{1,2,\cdots,8\}$，且当 $a \in A$ 时，必有 $8-a \in A$. 这样的集合 A 的个数为_____.

12. 已知集合 $U=\{1,2,3,4,5\}$，$I=\{X \mid X \subseteq U\}$，从集合 I 中任取两个不同的元素 A,B，则 $A \cap B$ 中恰有 3 个元素的概率为_____.

13. 设集合 $A=\{1,2,\cdots,2024\}$，X,Y 均为 A 的非空子集（允许 $X=Y$），X 中的最大元与 Y 中的最小元分别记为 $\max X$，$\min Y$，则满足 $\max X > \min Y$ 的有序集合对 (X,Y) 的数目为_____.

14. 集合 A,B 满足 $A \cup B=\{1,2,3,\cdots,10\}$，$A \cap B=\varnothing$. 若 $|A| \notin A$，$|B| \notin B$，则满足条件的所有不同的集合 A 的个数为_____.

15. 将前 12 个正整数构成的集合 $M=\{1,2,\cdots,12\}$ 中的元素分划成 4 个三元子集 M_1,M_2,M_3,M_4，使得每个三元子集中的三个数都满足：其中一数都等于另外两数之和，则一共有_____种分划方法.

16. 已知 $A_1,A_2,\cdots,A_n$ 是集合 $A=\{1,2,\cdots,10\}$ 的 n 个不同非空子集，如果对任意 $i,j \in \{1,2,\cdots,n\}$，均有 $A_i \cup A_j \neq A$，则 n 的最大值为_____.

17. 对 $x=(x_1,x_2,\cdots,x_5)$，$y=(y_1,y_2,\cdots,y_5)$，定义 $d(x,y)=|x_1-y_1|+\cdots+|x_5-y_5|$. 对于集合 $S=\{(a_1,a_2,\cdots,a_5) \mid a_i=0$ 或 $1,i=1,2,\cdots,5\}$，设 $T \subseteq S$，满足对任意不同的两个元素 $a,b \in T$，$d(a,b)>2$. 则 $|T|$ 的最大值为_____.

18. 设集合 $M=\{1,2,3,\cdots,2008\}$ 中取出一个 k 元子集 A，使得 A 中任意两数之和不能被这两数之差整除，则 k 的最大值为_____.

19. 设 $A_1,A_2,\cdots,A_n$ 为正整数集的一个分划. 对任意正整数 i,j，若 $|i-j|$ 为素数，则 i,j 归属于不同的集合. 则 n 的最小值为_____.

20. 设集合 $A=\{1,2,\cdots,19\}$，是否存在集合 A 的非空子集 S_1,S_2，满足：

(1) $S_1 \cap S_2=\varnothing$，$S_1 \cup S_2=A$.

(2) S_1,S_2 都至少有 4 个元素.

(3) S_1 的所有元素的和等于 S_2 的所有元素的积.

21. 设正整数 $n > 3$，且具有如下的性质：把集合 $S_n = \{2, \cdots, n\}$ 任意分为两组，总有某个组，其含有三个数 a, b, c（允许 $a = b$）使得 $ab = c$. 求 n 的最小值.

22. 设 A, B 为 $\{1, 2, \cdots, 9\}$ 的一个分划. 证明：在这两个集合中存在某个集合，使得存在 3 个不相同的元素 x, y, z，满足 $x + y = 2z$.

23. 已知 S 中有 10 个元素，每个元素都是两位数. 求证：一定可以从 S 中取出 2 个不相交的子集，使其元素之和相同.

24. 设 S 为 $\{1,2,3,\cdots,9\}$ 的子集,且 S 中任意两个不同的数作和所得的数两两不同. 求 $|S|$ 的最大值.

25. 求所有的正整数 n,使得集合 $M=\{1,2,\cdots,4n\}$ 可拆分成 n 个四元子集 $\{M_1,M_2,\cdots,M_n\}$. 已知 $M=\bigcup\limits_{k=1}^{n} M_k$,其中每个子集 $M_k=\{a_k,b_k,c_k,d_k\}(k=1,2,\cdots,n)$ 中的某个元素等于另外三个元素的算术平均.

26. 对于 $2n$ 元集合 $M=\{1,2,\cdots,2n\}$,若 n 元集合 $A=\{a_1,a_2,\cdots,a_n\}$,$B=\{b_1,b_2,\cdots,b_n\}$ 满足:$A\cup B=M,A\cap B=\varnothing$,且 $\sum\limits_{k=1}^{n} a_k = \sum\limits_{k=1}^{n} b_k$,则称 $A\cup B$ 是集合 M 的一个"等和分划"($A\cup B$ 与 $B\cup A$ 算是同一个分划). 问:集合 $M=\{1,2,\cdots,12\}$ 共有多少个"等和分划"?

27. 设集合 $M=\{1,2,\cdots,10\}$ 的五元子集 $A_1,A_2,\cdots,A_k$ 满足条件: M 中的任意二元子集最多被 2 个子集 $A_i,A_j(i\neq j)$ 包含. 求 k 的最大值.

28. 设集合 $M=\{1,2,\cdots,10\}$, T 是 M 的一些二元子集构成的集合, 满足对 T 中任意两个不同的元素 $\{a,b\}$ 和 $\{x,y\}$, 均有 $11\nmid(ax+by)(ay+bx)$. 求 $|T|$ 的最大值.

29. 对集合 $A=\{1,2,\cdots,n\}$, 记 $S(n,k)$ 为把 A 分划成 k 个非空子集的分划个数 ($S(0,0)=1$, $S(n,0)=S(0,n)=1(n\geqslant 1)$).

证明: (1) $S(n,k)=kS(n-1,k)+S(n-1,k-1)$.

(2) $S(n,k)=\dfrac{1}{k!}\sum_{j=0}^{k}C_k^j j^n(-1)^{k-j}$.

30. 从 $1,2,3,\cdots,2050$ 这 2050 个数中任取 2018 个数组成集合 A，把 A 中的每个数染上红色或蓝色.求证：总存在一种染色方法，使得有 600 个红数及 600 个蓝数满足下列两个条件：

(1)这 600 个红数的和等于这 600 个蓝数的和.

(2)这 600 个红数的平方和等于这 600 个蓝数的平方和.

31. 设 A 是一个含有 n 个元素的集合，$A_1,A_2,\cdots,A_n$ 是 A 的互不相同的 n 个子集.

证明：存在 $a\in A$，使得 $A_1-\{a\},A_2-\{a\},\cdots,A_n-\{a\}$ 仍为 n 个互不相同的子集.

32. 设集合 $S=\{0,1,\cdots,99\}$，$A\subseteq S$，$|A|=10$，若 $B_i=\{r_a\mid r_a\equiv a+i\pmod{100},a\in A,r_a\in S\}$，其中 $i=0,1,\cdots,99$.证明：存在 $0\leqslant i_1<\cdots<i_{10}\leqslant 99$，使得 $\left|\bigcup\limits_{j=1}^{10}B_{i_j}\right|\geqslant 50$.

33. 设 $S_1, S_2, \cdots, S_m$ 为一些子集,若存在两两不同的元素 $x_1, x_2, \cdots, x_m$,使得 $x_i \in S_i$,则称 x_1, $x_2, \cdots, x_m$ 为 $S_1, S_2, \cdots, S_m$ 的一个相异代表系.

Hall 定理:$S_1, S_2, \cdots, S_m$ 存在相异代表系当且仅当对任意非空集合 $J \subseteq \{1, 2, \cdots, m\}$,有
$$\left| \bigcup_{j \in J} S_j \right| \geqslant |J|.$$

(1)对 n 元集合 S,设 F_k 为 S 的所有 k 元子集组成的集合.证明:若 $k \leqslant \left[\dfrac{n}{2}\right] - 1$,则对任意 $A_i \in F_k$,存在 $B_i \in F_{k+1}$,使得 $A_i \subseteq B_i$,并且对任意不同的 $A_i, A_j \in F_k$,有 $B_i \neq B_j$.

(2)给定一个 $n \times n$ 的方格表,对每个方格填 0 或 1.设 m 为包含方格表的所有 1 的线(一行或一列)的条数的最小值,M 为所有两两不同行不同列上的 1 的个数的最大值,证明:$M = m$.

34. 设 A 是一个含有 n 个元素的集合,A 的 m 个子集 $A_1, A_2, \cdots, A_m$ 两两互不包含.

证明:(1)$\displaystyle\sum_{i=1}^{m} \dfrac{1}{C_n^{|A_i|}} \leqslant 1$.(2)试求 m 的最大值.

35. 对 n 元集合 X，设 F 为 X 的一些子集组成的集合. 如果 F 中的任意两个不同集合的交非空，则称 F 为相交族，若相交族 F 中的元素均为 k 元集合，则称 F 为相交 k -集族.

(1) 给定正整数 $n,k,n \geqslant 2k$，设 F 为 $N = \{1,2,\cdots,n\}$ 的一个相交 k -集族，设

$$\sigma(A_i) = \{\sigma(i),\sigma(i+1),\cdots,\sigma(i+k-1)\} \quad (i=1,2,\cdots,n)(\bmod n \text{ 意义下}),$$

$$\sigma(A) = \{\sigma(A_1),\sigma(A_2),\cdots,\sigma(A_n)\},$$

其中 σ 是一个 $1,2,\cdots,n$ 的置换. 证明：$|F \cap A| \leqslant k$.

(2) (Erdös-Ko-Rado 定理) 给定正整数 $n,k,n \geqslant 2k$，设 F 为 $N = \{1,2,\cdots,n\}$ 的一个相交 k -集族，证明：$|F|$ 的最大值为 C_{n-1}^{k-1}.

36. 49 个学生解 3 道题，每道题的得分是 0 到 7 的整数. 求证：存在 2 个学生 A,B，对于每道题，A 的得分不少于 B.

37. 对于有限集 $N=\{1,2,\cdots,n\}$,设 F 为 N 的一些子集组成的集合.若对任意 $X\in F,Y\subseteq X$,都有 $Y\in F$,则称 F 是下闭的.类似地,若对任意 $X\in F,X\subseteq Y\subseteq N$,都有 $Y\in F$,则称 F 是上闭的.

(1) 设集族 U 对 $N=\{1,2,\cdots,n\}$ 是上闭的,设 U_1,U_2 是 U 的一个分划,其中 U_1 由 U 中所有含 n 的集合组成,U_2 由 U 中所有不含 n 的集合组成,证明:$|U_1|\geqslant|U_2|$.

(2) 证明:(Kleitman 定理)设集族 U 对 $N=\{1,2,\cdots,n\}$ 是上闭的,集族 D 对 N 是下闭的,则 $|U|\cdot|D|\geqslant2^n|U\bigcap D|$.

38. 设 n 元集合 $S,A_1,A_2,\cdots,A_m$ 为 S 的不同真子集,若 S 的任意二元子集恰好只被一个 A_i 包含,证明:$m\geqslant n$.

39. 向量在组合问题中有很多用处. 已知: 对 n 维向量 $\boldsymbol{\alpha}_1, \boldsymbol{\alpha}_2, \cdots, \boldsymbol{\alpha}_m \in \mathbf{R}^n$ (即各个分量都是实数), 若 $m > n$, 则存在不全为 0 的实数 $k_1, k_2, \cdots, k_m$, 使得

$$k_1 \boldsymbol{\alpha}_1 + k_2 \boldsymbol{\alpha}_2 + \cdots + k_m \boldsymbol{\alpha}_m = \mathbf{0}.$$

证明: (Fisher 不等式) 对于 $S = \{1, 2, \cdots, n\}$, 设 $A_1, A_2, \cdots, A_m$ 为 S 的一些不同的子集, 满足存在 $\lambda \in \mathbf{N}^*$, 使得 $|A_i \cap A_j| = \lambda (1 \leqslant i < j \leqslant m)$, 则 $m \leqslant n$.

40. 若集合 A, B 满足: $A \cap B = \varnothing$, $A \cup B = \mathbf{N}^*$, 则称 (A, B) 为 $\mathbf{N}^*$ 的二分划.

(1) 证明: 存在一个 $\mathbf{N}^*$ 的二分划 (A, B), 使得 A 中不存在 3 个成等差数列的数, 且 B 中不存在无穷项的等差数列 (公差不为 0).

(2) 证明: 存在一个 $\mathbf{N}^*$ 的二分划 (A, B), 使得 A 中不存在 3 个成等比数列的数, 且 B 中不存在无穷项的等比数列 (公比不为 1).

第 *7* 章　有理数与无理数

1. 有理数与无理数的概念

有理数是由所有分数和整数组成的集合. 有理数总能写成整数、有限小数或无限循环小数, 并且总能写成两整数之比, 如 $\dfrac{2}{7}$, $\dfrac{1}{4}$ 等.

无理数是无法写成分数的实数, 也是无限不循环小数.

2. 整系数方程的有理根

对整系数方程 $a_n x^n + a_{n-1} x^{n-1} + \cdots + a_1 x + a_0 = 0 (a_n \neq 0)$, 若其存在有理根 $x = \dfrac{p}{q} ((p, q) = 1)$, 则 $q \mid a_n$, $p \mid a_0$.

证明: 将 $x = \dfrac{p}{q}$ 代入方程, 有

$$a_n \left(\frac{p}{q}\right)^n + a_{n-1} \left(\frac{p}{q}\right)^{n-1} + \cdots + a_1 \left(\frac{p}{q}\right) + a_0 = 0$$

$$\Rightarrow a_n p^n + a_{n-1} p^{n-1} q + \cdots + a_1 p q^{n-1} + a_0 q^n = 0,$$

于是可知 $q \mid a_n p^n$, $p \mid a_0 q^n \Rightarrow q \mid a_n$, $p \mid a_0$.

推论: 如果最高次项的系数为 ± 1, 那么若有有理根, 则其必为整数根.

习题精编

1. 已知数集 M 至少有 3 个元素, 且对 M 中任意两个不同的元素 a, b, 数 $a^2 + b\sqrt{2}$ 都是有理数.

证明: 对于 M 中任何数 a, 数 $a\sqrt{2}$ 都是有理数.

2. 设 $\alpha = \dfrac{r}{s}$，其中 r, s 是正整数，且 $r > s$，$(r, s) = 1$．令集合 $N_\alpha = \{[n\alpha] \mid n = 1, 2, \cdots\}$．

求证：对任何 $m \in N_\alpha$，$r \nmid m + 1$．

3. 证明：$\sqrt{2}$ 是无理数．

4. 把每个有理数写成既约分数,并计算所得分子与分母的乘积. 在 0 与 1 之间有多少个有理数使得这样操作得到的乘积为 20!?

5. 设 a_n 是 $1^2 + 2^2 + \cdots + n^2$ 的个位数字, $n = 1, 2, 3, \cdots$. 试证: $0. a_1 a_2 \cdots a_n \cdots$ 是有理数.

6. 用 a_n 表示离 $\sqrt{n}$ 最近的整数, 求 $\dfrac{1}{a_1} + \dfrac{1}{a_2} + \cdots + \dfrac{1}{a_{1980}}$ 的值.

7. 证明：对给定正整数 g，任一有理数 $w>1$ 都能表示为 $w=\left(1+\dfrac{1}{k}\right)\left(1+\dfrac{1}{k+1}\right)\cdots\left(1+\dfrac{1}{k+s}\right)$ 的形式，这里 k 为大于 g 的正整数，s 为非负整数.

8. 在十进制数中，若某个数字的小数点后的数位成等差数列，则称它为周期的数字. 证明：在十进制中，区间 $(0,1)$ 中的任意无理数 A，至少有一个数字不是周期的.

9. 已知 x,y,z,w 满足方程 $(1+\sqrt{2}+\sqrt{3}+\sqrt{6})(x+\sqrt{2}\,y-\sqrt{3}\,z+\sqrt{6}\,w)=2021$，则有理数对 (x,y,z,w) 的对数为 _____

10. 将 $\dfrac{2013}{2012}$ 表示成 2 个 $\dfrac{n+1}{n}(n\in\mathbf{N}^{*})$ 型分数的乘积的不同方法数是 _____.（不考虑乘积的次序）

11. 已知整系数多项式 $f(x)=x^5+a_1x^4+\cdots+a_4x+a_5$，若 $f(\sqrt{3}+\sqrt{2})=0$，$f(1)+f(3)=0$，则 $f(-1)=$ _____.

12. 设 a_n 是与 $\sqrt{\dfrac{n}{2}}$ 的差的绝对值最小的整数，b_n 是与 $\sqrt{2n}$ 的差的绝对值最小的整数，记 $\left\{\dfrac{1}{a_n}\right\}$ 的前 n 项和为 S_n，$\left\{\dfrac{1}{b_n}\right\}$ 的前 n 项和为 T_n，则 $2T_{100}-S_{100}$ 的值为 _____.

13. 已知函数 $f(x)=\begin{cases}x, & x\text{ 为无理数},\\[2mm]\dfrac{q+1}{p}, & x=\dfrac{q}{p},\end{cases}$ 其中 $p,q\in\mathbf{N}^{*}$，且 $(p,q)=1$，$p>q$. 则函数 $f(x)$ 在区间 $\left(\dfrac{7}{8},\dfrac{8}{9}\right)$ 上的最大值为 _____.

14. 使 $\sqrt{\dfrac{16n+17}{n+8}}$ 为有理数的所有正整数 n 的和为 _____.

15. 设正整数 m,n 均不大于 2021，且 $\dfrac{m}{n+1}<\sqrt{2}<\dfrac{m+1}{n}$，则这样的数对 (m,n) 的组数为 _____.

16. 已知正整数 a,b,c 均不为平方数，证明：$\sqrt{a}+\sqrt{b}+\sqrt{c}$ 为无理数.

17. 对于任意给定的无理数 a,b 及实数 $r>0$,证明:圆周 $(x-a)^2+(y-b)^2=r^2$ 上至多只有 2 个有理点(横、纵坐标都为有理数的点).

18. 已知 $p(p>5)$ 为质数,去掉 $\dfrac{1}{p}$ 小数点后的第 2020 位数字,得到 $\dfrac{a}{b}$(a 与 b 为互质的正整数). 求证:$p\mid b$.

19. 设 $\alpha\in\mathbf{C}$,$p(x)$ 为以 α 为根的次数最小的非零有理多项式.证明:对任意满足 $f(\alpha)=0$ 的有理多项式 $f(x)$,存在有理多项式 $g(x)$ 满足 $f(x)=g(x)p(x)$.

20. 在平面直角坐标系中,若某点的横、纵坐标均为有理数,则称该点为"有理点",否则称为"无理点",在平面直角坐标系中任作一个正五边形,在其五个顶点中,有理点与无理点哪个多?

21. 证明:存在有理数集 $\mathbf{Q}$ 的无限子集 A 和 B,同时满足以下三个条件:

(1) $A \cup B = \mathbf{Q}, A \cap B = \varnothing$;

(2) $\forall x, y \in A \Rightarrow xy \in B, \forall x, y \in B \Rightarrow xy \in B$;

(3) $\forall n \in \mathbf{Z}, (n, n+1) \cap A \neq \varnothing, (n, n+1) \cap B \neq \varnothing$.

22. 给定 5 个互不相同的实数,若这 5 个数中任意 2 个数的和或积中至少有 1 个为有理数.求证:这 5 个数的平方都是有理数.

23. 对于正整数 $n \geqslant 2$,证明:$1 + \dfrac{1}{2} + \cdots + \dfrac{1}{n}$ 不为整数.

24. 对正整数 n, 记 $S_n = 1 + \dfrac{1}{2} + \cdots + \dfrac{1}{n}$. 求证: 对于满足 $0 \leqslant a < b \leqslant 1$ 的任意实数 a, b, 数列 $\{S_n - [S_n]\}$ 中有无穷多项属于 (a, b).

25. (Dirichlet 逼近定理) 证明: 对于任意实数 x 和任意正整数 N, 均存在整数 h 和 $k (0 < k \leqslant N)$, 使得 $|kx - h| \leqslant \dfrac{1}{N}$.

26. 设 x 为无理数,证明:

(1)存在无穷多个不同的有理数 $\frac{p}{q}$,使得 $\left|x-\frac{p}{q}\right|<\frac{1}{q^2}$.

(2)(Kronecker 定理)对实数 $\alpha\in[0,1]$,任意 $\varepsilon>0$,证明:存在正整数 n,满足 $|\{nx\}-\alpha|<\varepsilon$.

27. (Beatty 定理)设 α,β 为正无理数,满足 $\frac{1}{\alpha}+\frac{1}{\beta}=1$.证明:$\{[n\alpha]\mid n=1,2,\cdots\}$,$\{[n\beta]\mid n=1,2,\cdots\}$ 为 $\mathbf{N}^*$ 的一个分划.

28. 设 $f(x)$ 是周期函数,T 和 1 是 $f(x)$ 的周期且 $0 < T < 1$. 求证:

(1) 若 T 为有理数,则存在质数 p,使得 $\dfrac{1}{p}$ 为 $f(x)$ 的周期.

(2) 若 T 为无理数,则存在各项均为无理数的数列 $\{a_n\}$,满足对任意正整数 n,$0 < a_{n+1} < a_n < 1$,且 a_n 都是 $f(x)$ 的周期.

29. (Nevin 定理) 已知有理数 $\dfrac{p}{q}$,证明:若 $\cos\dfrac{p}{q}\pi$ 为有理数,则 $\cos\dfrac{p}{q}\pi \in \left\{0, 1, \pm\dfrac{1}{2}\right\}$.

第 8 章 复 数

1.复数的基本定义

(1)我们称 $z=a+bi(a,b\in\mathbf{R})$ 为复数,其中 i 为虚数单位,$i^2=-1$,a 称作 z 的实部,记作 $\mathrm{Re}(z)$,b 称作 z 的虚部,记作 $\mathrm{Im}(z)$.若 $\mathrm{Im}(z)\neq0$,则称 z 为虚数,若 $\mathrm{Re}(z)=0$,$\mathrm{Im}(z)\neq0$,则称 z 为纯虚数.记全体复数组成的集合为 $\mathbf{C}$.

(2)我们也可以用极坐标的形式来表示复数 z,对复数 z 进行互换可得 $z=a+bi=\sqrt{a^2+b^2}\left(\dfrac{a}{\sqrt{a^2+b^2}}+\dfrac{b}{\sqrt{a^2+b^2}}i\right)=r\cos\theta+ir\sin\theta$,

其中 $r=|z|=\sqrt{a^2+b^2}$ 为 z 的模长,θ 称作 z 的幅角,特别地,当 $\theta\in[0,2\pi)$ 时,我们称 θ 为 z 的幅角主值,记作 $\arg z$.

(3)对复数 $z=a+bi$,称 $\bar{z}=a-bi$ 为 z 的共轭复数.

(4)欧拉(Euler)公式

$e^{i\theta}=\cos\theta+i\sin\theta.$

借助欧拉公式可以将复数 z 写成 $re^{i\theta}$ 的形式.

2.复数的运算性质

(1)$\overline{z_1+z_2}=\bar{z}_1+\bar{z}_2$,$\overline{z_1z_2}=\bar{z}_1\cdot\bar{z}_2$.

(2)对 $z_1=r_1(\cos\theta_1+i\sin\theta_1)$,$z_2=r_2(\cos\theta_2+i\sin\theta_2)$,则

$z_1z_2=r_1r_2[\cos(\theta_1+\theta_2)+i\sin(\theta_1+\theta_2)]$,

$\dfrac{z_1}{z_2}=\dfrac{r_1}{r_2}[\cos(\theta_1-\theta_2)+i\sin(\theta_1-\theta_2)]$.

(3)$|z_1z_2|=|z_1|\cdot|z_2|$,$\left|\dfrac{z_1}{z_2}\right|=\dfrac{|z_1|}{|z_2|}$.

(4)$z^n=r^n(\cos n\theta+i\sin n\theta)$.

证明:考虑用数学归纳法.当 $n=1$ 时即为定义.

假设 n 时等式成立,则当 $n+1$ 时,

$z^{n+1}=z^n\cdot z=r^{n+1}(\cos n\theta+i\sin n\theta)(\cos\theta+i\sin\theta)$

$$= r^{n+1}(\cos n\theta\cos\theta - \sin n\theta\sin\theta) + i(\cos n\theta\sin\theta + \sin n\theta\cos\theta)$$
$$= r^{n+1}[\cos(n+1)\theta + i\sin(n+1)\theta].$$

故 $n+1$ 时等式成立.

由数学归纳法可知等式成立.

(5) $|z^n| = |z|^n$.

(6) $|z_1| + |z_2| \geqslant |z_1 + z_2| \geqslant ||z_1| - |z_2||$.

(7) z 为实数 $\Leftrightarrow z = \bar{z}$, z 为纯虚数 $\Leftrightarrow z + \bar{z} = 0$.

3. 复数与复平面

对于复数 $z = a + bi(a, b \in \mathbf{R})$, 我们可以将其与 $\mathbf{R}^2$ 上的点一一对应, 于是可以将复数问题转化平面几何问题, 例如:

$z = tz_1 + (1-t)z_2(t \in \mathbf{R})$ 的轨迹为过 z_1, z_2 的直线;

$|z - z_1| = a$ 的轨迹为一个圆;

$|z - z_1| = |z - z_2|$ 的轨迹为点 z_1, z_2 连成的线段的中垂线;

$|z - z_1| + |z - z_2| = 2a(2a > |z_1 - z_2|)$ 的轨迹为椭圆;

$||z - z_1| - |z - z_2|| = 2a(2a < |z_1 - z_2|)$ 的轨迹为双曲线.

4. 用复数来计算几何关系

相比平面解析和向量, 复数能很好地表示角度与旋转. 例如, 对下左图中的角 θ, 我们可以通过 $\arg\dfrac{z_2}{z_1}$ 来得到. 两角之和可通过 $\arg z_1 z_2$ 得到(请注意计算时复数的顺序).

复数也可以很好地表示正三角形这样的关系. 例如, 在下右图中, 我们有

$$z_3 - z_1 = e^{\frac{\pi}{3}i}(z_3 - z_2), z_3 - z_2 = e^{\frac{\pi}{3}i}(z_1 - z_2), z_1 - z_2 = e^{\frac{\pi}{3}i}(z_1 - z_3).$$

于是可以得到 z_1, z_2, z_3 三点构成正三角形的充要条件为

$$z_1 + \omega z_2 + \omega^2 z_3 = 0 \Leftrightarrow z_1^2 + z_2^2 + z_3^2 = z_1 z_2 + z_2 z_3 + z_3 z_1.$$

我们也可以很容易得到其重心 $G = \dfrac{z_1 + z_2 + z_3}{3}$.

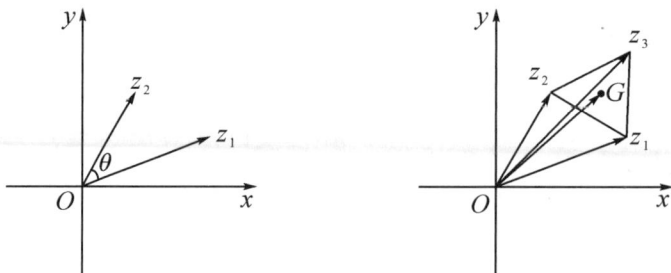

5. 代数基本定理

(1) 对复系数多项式 $f(x) = a_n x^n + a_{n-1} x^{n-1} + \cdots + a_1 x + a_0 (a_n \neq 0)$, 其恰有 n 个复根

$z_1, z_2, \cdots, z_n$（含重根），于是

$$f(x) = a_n(x-z_1)(x-z_2)\cdots(x-z_n).$$

（2）若 f 为实系数多项式，则对于根 z，其共轭复数 $\bar{z}$ 也为根，于是对于实系数多项式 f，其可以写成一些一次因式和二次不可约多项式（实系数）的乘积.

（3）若 f 为奇数次实系数多项式，则其必有实根.

6. 韦达定理

对复系数多项式 $f(x) = a_n x^n + a_{n-1}x^{n-1} + \cdots + a_1 x + a_0 (a_n \neq 0)$，设其根为 $z_1, z_2, \cdots, z_n$，我们有

$$(-1)^k \frac{a_{n-k}}{a_n} = \sum_{1 \leqslant i_1 < \cdots < i_k \leqslant n} z_{i_1} z_{i_2} \cdots z_{i_k}.$$

此即为韦达定理.

7. 单位根

对方程 $x^n = 1$，我们容易得到其所有根为 $e^{\frac{2k\pi i}{n}}(k=1,2,\cdots,n)$. 不妨设对应的根为 $z_1, \cdots, z_n$，则 $x^n - 1 = (x-z_1)\cdots(x-z_n)$，于是有

$$z_1 + \cdots + z_n = 0, \quad z_1 \cdots z_n = (-1)^{n-1}.$$

去掉根 1，可知 $z_1, z_2, \cdots, z_{n-1}$ 为 $x^{n-1} + x^{n-2} + \cdots + x + 1 = 0$ 的根，于是可知

$$z_1 + \cdots + z_{n-1} = -1 \Rightarrow \sum_{k=1}^{n-1} \cos \frac{2k\pi}{n} = -1, \quad \sum_{k=1}^{n-1} \sin \frac{2k\pi}{n} = 0.$$

我们可通过单位根的性质得到很多有趣的结论.

习题精编

1. 复数 $z_1, z_2, \cdots, z_{100}$ 满足：$z_1 = 3 + 2i$，$z_{n+1} = \overline{z_n} \cdot i^n (n=1,2,\cdots,99)$，则 $z_{99} + z_{100}$ 的值为_____.

2. 设复数 z, w 满足 $|z| = 3$，$(z + \bar{w})(\bar{z} - w) = 7 + 4i$，则 $(z + 2\bar{w})(\bar{z} - 2w)$ 的模长为_____.

3. 已知复数 z_1, z_2 满足 $|z_1| = |z_1 - 2z_2|$，$z_1 \cdot \overline{z_2} = \sqrt{3}(1 - i)$，则 $\dfrac{z_1}{z_2} = $_____.

4. 已知复数 z 满足 $|z| = 1$，则 $|z^2 - 2z + 3|$ 的最小值为_____.

5. 已知 $x \in \mathbf{R}$，$z \in \mathbf{C}$，z 的幅角为 $\dfrac{\pi}{4}$，则 $|x - z| + |2 + i - x| + |2 + i - z|$ 的最小值为_____.

6. 设复数 z 满足 $\dfrac{z + i}{z - 2 - i}$ 的实部为 0，则 $|z - 3 - 2i|$ 的取值范围为_____.

7. 已知复数 z 满足 $z^{24}=(z-1)^{510}=1$,则复数 $z=$ _____.

8. 在平面直角坐标系中,点 A,B,C 在双曲线 $C:xy=1$ 上,满足 $\triangle ABC$ 为等腰直角三角形,试求 $S_{\triangle ABC}$ 的最小值.

9. $\displaystyle\prod_{k=1}^{n-1}\sin\frac{k\pi}{n}=$ _____ $(n\geqslant 2,n\in\mathbf{N})$.

10. (多选题)设 $z_k=\mathrm{e}^{\frac{2k-2}{5}\pi\mathrm{i}}(k=1,2,3,4,5)$,若 $a_i=\displaystyle\prod_{i\neq j}(z_i-z_j)$,则 ( )

A. $a_1a_3a_4=125$ B. $a_1a_2a_3a_4a_5=5^5$

C. $a_2a_4^2=125$ D. $a_1=5$

11. 设 $w=\cos\dfrac{2\pi}{5}+\mathrm{i}\sin\dfrac{2\pi}{5}$,$f(x)=x^2+x+2$,则 $f(w)f(w^2)f(w^3)f(w^4)$ 的值为 _____.

12. 设 $\omega_n=\mathrm{e}^{\frac{2\pi\mathrm{i}}{n}}$,记 $[n\mid k]=\dfrac{1}{n}\displaystyle\sum_{i=1}^{n}\omega_n^{ki}$.

(1)证明:$[n\mid k]=\begin{cases}0,n\nmid k,\\ 1,n\mid k.\end{cases}$

(2)对 m 次多项式 $f(x)=\displaystyle\sum_{k=0}^{m}a_kx^k$,证明:$\displaystyle\sum_{k=0}^{m}[n\mid k]a_k=\dfrac{1}{n}\displaystyle\sum_{i=0}^{n-1}f(\omega_n^i)$.

13. 设正整数 $n\geqslant 2$,α 是多项式 $P(x)=x^n+a_{n-1}x^{n-1}+\cdots+a_1x+a_0$ 的一个根,其中 $0\leqslant a_i\leqslant 1$,$i=0,1,\cdots,n-1$.证明:$\mathrm{Re}(\alpha)\leqslant\dfrac{\sqrt{5}+1}{2}$.

14. 对复数 $a_0, a_1, \cdots, a_n$，满足：$a_0 = 1, a_1 \neq 0, \sum\limits_{k=2}^{n} k \mid a_k \mid < \mid a_1 \mid$，请证明对函数 $f: \{z \mid z \in \mathbf{C},$ $\mid z \mid < 1\} \to \mathbf{C}, f(z) = \sum\limits_{k=0}^{n} a_k z^k$ 为单射.

15. 设复数 $z \neq 0, a_n = z^n + \dfrac{1}{z^n}$，证明：若 $\mid a_{2024} \mid \leqslant 2$，则 $\mid a_1 \mid \leqslant 2$.

16. 对于三次方程 $x^3 + ax^2 + bx + c = 0$,可以通过令 $x = y - \dfrac{b}{3a}$ 代换成方程

$$y^3 + py + q = 0 \qquad\qquad ①$$

的形式,之后解方程①的解,即可得到一般的三次方程的解.

考虑以下问题.

(1)证明:方程①的解为 $z_1 + z_2$,$z_1 e^{\frac{2}{3}\pi i} + z_2 e^{-\frac{2}{3}\pi i}$,$z_1 e^{\frac{4}{3}\pi i} + z_2 e^{-\frac{4}{3}\pi i}$ 的形式,其中 $z_1 z_2 = -\dfrac{p}{3}$.

(2)证明:若方程①的解都为实数,则其解的形式为 $2\sqrt{-\dfrac{p}{3}}\cos\dfrac{\theta}{3}$,$2\sqrt{-\dfrac{p}{3}}\cos\dfrac{\theta+2\pi}{3}$,

$2\sqrt{-\dfrac{p}{3}}\cos\dfrac{\theta+4\pi}{3}$.

17. 设复数 z 满足 $z + \dfrac{2}{z} \in \mathbf{R}$,$\mathrm{Im}(z) \neq 0$,则 $|z| = $ _____.

18. 设复数 z_1, z_2 满足 $|z_1| = 2$,$z_1^2 - 2z_1 z_2 + 4z_2^2 = 0$,设 A, B 为复数 z_1, z_2 在复平面上对应的点,O 为原点,则 $S_{\triangle AOB} = $ _____.

19. 设 $a, b, c \in \mathbf{R}$,$a, c \neq 0$,方程 $ax^2 + bx + c = 0$ 的 2 个虚根 x_1, x_2 满足 $\dfrac{x_1^2}{x_2} \in \mathbf{R}$,则 $\displaystyle\sum_{k=0}^{2022}\left(\dfrac{x_1}{x_2}\right)^k$ = _____.

20. 设复数 z_1, z_2 满足 $|z_1 + z_2| = 1$,$|z_1^2 + z_2^2| = 4$,则 $|z_1 z_2|$ 的最大值为 _____,最小值为 _____.

21. 设复数 z 满足 $\mathrm{Re}(z) \geqslant 1$. 则 $\left|\dfrac{1}{z} + 1 + i\right|$ 的最小值为 _____.

22. 设复数 z 满足 $|z| = 1$,则 $|z^3 - 3z - 2|$ 的最小值为 _____.

23. 设复数 z 满足 $|z| = 1$,使得关于 x 的方程 $zx^2 + 2\bar{z}x + 2 = 0$ 有实根,则这样的复数 z 的和为 _____.

24. 复平面上点 $z_0=1+2\mathrm{i}$ 关于直线 $l:|z-2-2\mathrm{i}|=|z|$ 的对称点的复数表示为_____.

25. 设复数 z 满足 $|z|=1$,则 $2|z-2\mathrm{i}|+|z-2|$ 的最小值为_____.

26. 若复数 z 满足 $|z-2|=|\mathrm{Re}(z)+2|$,则 $|z-3\mathrm{i}-1|+|z-2|$ 的最小值为_____.

27. 设复数 $z\neq 2$,若 $\mathrm{Re}\left(\dfrac{z}{z-2}\right)=0$,则 $|z|^2-2\mathrm{Im}(z)$ 的最小值为_____.

28. 设点 P 在抛物线 $C:y^2=4x$ 上,将点 P 逆时针旋转 $60°$,得到点 P',则点 P' 的轨迹方程为_____.

29. 设不全相等的三个复数 z_1,z_2,z_3 满足方程 $4z_1^2+5z_2^2+5z_3^2=4z_1z_2+6z_2z_3+4z_3z_1$,记复平面上以 z_1,z_2,z_3 为顶点的三角形三边的长从小到大依次为 a,b,c,则 $a:b:c=$ _____.

30. $|z-1|+|z+1|+|z-\mathrm{i}|\ (z\in\mathbf{C})$ 的最小值为_____.

31. $\left(1+\cos\dfrac{\pi}{7}\right)\left(1+\cos\dfrac{3\pi}{7}\right)\left(1+\cos\dfrac{5\pi}{7}\right)=$ _____.

32. 已知复数 $x_1,x_2,\cdots,x_{2021}$ 是方程 $x^{2021}=1$ 的 2021 个相异根,则 $\displaystyle\sum_{k=1}^{2021}\dfrac{1}{\mathrm{i}+x_k}=$ _____.

33. 设 $f(x)=x^2+2x+2$,定义 $f^{(1)}(x)=f(x)$,对 $n\geqslant 1$,定义 $f^{(n+1)}(x)=f(f^{(n)}(x))$,则 $f^{(2024)}(x)=0$ 的所有复根(记重根)的平均值为_____.

34. 对正整数 n,$\displaystyle\sum_{i=0}^{n}\mathrm{C}_{3n}^{3i}$ 的值为_____.

35. $\sin\left(\arctan 1+\arccos\dfrac{3}{\sqrt{10}}+\arcsin\dfrac{1}{\sqrt{5}}\right)=$ _____.

36. 单位圆内接五边形的所有边长与对角线的平方和的最大值为_____.

37. 设复数 a,z 满足 $|a|<1,|z|<1$.

   (1)证明:$\left|\dfrac{z-a}{1-\bar{a}\cdot z}\right|<1$.

   (2)若 $|a|=|z|=\dfrac{1}{2}$,求 $\left|\dfrac{z-a}{1-\bar{a}\cdot z}\right|$ 的最大值.

38. 设复数 z_1, z_2, z_3 的幅角分别为 α, β, γ，且满足 $|z_1|=1$，$|z_2|+|z_3|=2$，$z_1+z_2+z_3=0$。
求 $\cos(\alpha-\beta)+2\cos(\beta-\gamma)+3\cos(\gamma-\alpha)$ 的取值范围

39. 如图所示，对抛物线 $C: y^2=2px\,(p>0)$，设 A, B, C 在抛物线 C 上，满足 $\triangle ABC$ 为正三角形，求 $\triangle ABC$ 的重心 G 的轨迹。

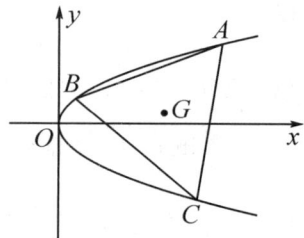

第 39 题图

40. 已知非零复数 x, y 满足 $y^2(x^2-xy+y^2)+x^3(x-y)=0$。求 $\displaystyle\sum_{m=0}^{29}\sum_{n=0}^{29} x^{18mn}y^{-18mn}$ 的值。

41. 设复系数多项式 $f(z)$ 的最高次项系数与常数项都为 1,证明:$\max\limits_{|z|\leqslant 1}\{|f(z)|\}\geqslant 2$.

42. 称一个复数数列 $\{z_n\}$ 为"有趣的",若 $|z_1|=1$,且对任意正整数 n,均有

$$4z_{n+1}^2+2z_nz_{n+1}+z_n^2=0.$$

(1)证明:对任意正整数 m,$|z_1+\cdots+z_m|<\dfrac{2\sqrt{3}}{3}$.

(2)试求最大的常数 C,使得对任意正整数 m,$|z_1+\cdots+z_m|>C$ 恒成立.

43. 设整系数多项式 $f(x) = x^n + a_{n-1}x^{n-1} + \cdots + a_1 x + a_0$. 若 $|a_{n-1}| > 1 + |a_0| + \cdots + |a_{n-2}|$, 且 $a_0 \neq 0$. 证明: 其只有一个根的模长大于1, 其余根的模长都小于1.

44. 已知复数列 $\{z_n\}$ 满足 $z_{n+1} = z_n^2 + 1 (n = 1, 2, \cdots), z_{2021} = 1$.

  (1) 求证: $\mathrm{Re}(z_1) < 1$.

  (2) 记 z_1 的所有可能值之积为 P, 求证: $P = z_{4039}$.

45. 确定所有的复数 α，使得对于任意的复数 z_1，z_2（$|z_1|$，$|z_2|<1$，$z_1\neq z_2$），均有 $(z_1+\alpha)^2+\alpha\overline{z_1}$ $\neq(z_2+\alpha)^2+\alpha\overline{z_2}$．

46. (1)证明：$\displaystyle\sum_{k=1}^{n}\cot^2\frac{k\pi}{2n+1}=\frac{2n^2-n}{3}$．

(2)根据(1)证明：$\displaystyle\sum_{n=1}^{+\infty}\frac{1}{n^2}=\frac{\pi^2}{6}$．

习题精编答案

第1章 集合

1.【证明】(1)令 $x=k$, $y=k-1(k\in\mathbf{Z})$,

则 $a=x^2-y^2=k^2-(k-1)^2=2k-1\in M$.

(2)M 中的元素要么是奇数,要么是4的倍数,

而 $4k-2$ 既不是奇数,也不是4的倍数,

所以 $4k-2\notin M$.

(3)令 $p=x_1^2-y_1^2$, $q=x_2^2-y_2^2$,则

$pq=(x_1^2-y_1^2)\cdot(x_2^2-y_2^2)$

$=x_1^2x_2^2-x_1^2y_2^2-y_1^2x_2^2+y_1^2y_2^2$

$=(x_1x_2+y_1y_2)^2-(x_1y_2+y_1x_2)^2\in M$.

2. $\{1,6,10,12\}$ 【解析】要使 $f_A(x)\cdot f_B(x)=-1$,

必有 $x\in\{x|x\in A$ 且 $x\notin B\}\bigcup\{x|x\in B$ 且 $x\notin A\}$

$=\{1,6,10,12\}$,所以 $A\Delta B=\{1,6,10,12\}$.

> **点评**:认清集合表示的本质,我们称 $A\Delta B$ 为
> 对称差.

3. -1 【解析】对 $S=\{a,b,c,d\}$,由集合中元素的互
异性,可知当 $a=1$ 时,$b=-1$,$c^2=-1$,于是 $c=\pm$i.
由"对任意 $x,y\in S$,必有 $xy\in S$",可知 $\pm$i$\in S$,于是
$c=$i,$d=-$i,或者 $c=-$i,$d=$i,故 $b+c+d=-1$.

> **点评**:本题在已学集合知识的基础上,给集
> 合元素新定义一种性质,考查在新环境中运用
> 知识的能力,解题的关键在于准确把握信息,以
> 旧带新,利用已有知识解决问题.

4.【证明】(1)因为对于任意 $x_1\in M$,有 $f(x_1)=x_1$,
则 $f[f(x_1)]=f(x_1)=x_1$,所以 $x_1\in N$,由子集的
定义,可知 $M\subseteq N$.

(2)由(1)可知 $M\subseteq N$,要判断是否有 $M=N$,只要
看 N 是不是 M 的子集即可.不妨设 $f(x)$ 单调递
增,对于任意 $x_0\in N$,假设 $x_0\notin M$,则 $f(x_0)\neq x_0$.
若 $f(x_0)>x_0$,则由 $f(x)$ 单调递增,可知 $f[f(x_0)]$

$>f(x_0)>x_0$ 这与 $x_0\in N$ 相矛盾;

若 $f(x_0)<x_0$,同理可知矛盾.

由上可知,当 $f(x)$ 为单组函数时,$M=N$.

5. $\pm\dfrac{9}{4}$ 【解析】由条件可知,$\{a_ia_j|1\leqslant i<j\leqslant 4\}$ 中
含有6个互不相同的数,且其中任意两个均不互
为相反数,由此可知,a_1,a_2,a_3,a_4 的绝对值互不
相等.不妨设 $|a_1|<|a_2|<|a_3|<|a_4|$,则 $\{|a_i|$
$|a_j||1\leqslant i<j\leqslant 4\}$ 中最小与次小的两个数分别是
$|a_1||a_2|$ 及 $|a_1||a_3|$,最大与次大的两个数分别是
$|a_3||a_4|$ 及 $|a_2||a_4|$,从而必有

$\begin{cases} a_1a_2=-\dfrac{1}{8}, \\ a_1a_3=1, \\ a_2a_4=3, \\ a_3a_4=-24. \end{cases}$

于是 $a_2=-\dfrac{1}{8a_1}$, $a_3=\dfrac{1}{a_1}$, $a_4=\dfrac{3}{a_2}=-24a_1$.

故 $\{a_2a_3,a_1a_4\}=\left\{-\dfrac{1}{8a_1^2},-24a_1^2\right\}=\left\{-2,-\dfrac{3}{2}\right\}$,

结合 $a_1\in\mathbf{Q}$,只可能 $a_1=\pm\dfrac{1}{4}$.

由此易知,$a_1=\dfrac{1}{4}$, $a_2=-\dfrac{1}{2}$, $a_3=4$, $a_4=-6$,或者

$a_1=-\dfrac{1}{4}$, $a_2=\dfrac{1}{2}$, $a_3=-4$, $a_4=6$.

检验知这两组解均满足问题的条件.

故 $a_1+a_2+a_3+a_4=\pm\dfrac{9}{4}$.

6. $[1,3]\bigcup\{-1\}$ 【解析】由 $\left|x-\dfrac{(a+1)^2}{2}\right|\leqslant\dfrac{(a-1)^2}{2}$,

可得 $-\dfrac{(a-1)^2}{2}\leqslant x-\dfrac{(a+1)^2}{2}\leqslant\dfrac{(a-1)^2}{2}$,

解得 $2a\leqslant x\leqslant a^2+1$.

所以 $A=\{x|2a\leqslant x\leqslant a^2+1\}$.

由 $x^2-3(a+1)x+2(3a+1)\leqslant 0$,

可得 $(x-2)[x-(3a+1)]\leqslant 0$.

当 $a\geqslant\dfrac{1}{3}$ 时，$B=\{x\mid 2\leqslant x\leqslant 3a+1\}$；

当 $a<\dfrac{1}{3}$ 时，$B=\{3a+1\leqslant x\leqslant 2\}$.

由 $A\subseteq B$，可得

$$\begin{cases} a\geqslant\dfrac{1}{3},\\ 2a\geqslant 2,a^2+1\leqslant 3a+1, \end{cases} \quad 或 \quad \begin{cases} a<\dfrac{1}{3},\\ 2a\geqslant 3a+1,a^2+1\leqslant 2. \end{cases}$$

解得 $1\leqslant a\leqslant 3$ 或 $a=-1$.

所以，a 的取值范围为 $[1,3]\cup\{-1\}$.

点评： 上述解答是通过对参数 a 的分类讨论完成的，其实还有更直接的解法.

从方程的角度看，$A\subseteq B$ 等价于方程 $x^2-3(a+1)x+2(3a+1)=0$ 在区间 $(-\infty,2a]$ 和 $[a^2+1,+\infty)$ 内各有一个实根，设 $f(x)=x^2-3(a+1)x+2(3a+1)$，由 $A\subseteq B$，得

$$\begin{cases} f(2a)\leqslant 0,\\ f(a^2+1)\leqslant 0 \end{cases}\Rightarrow 1\leqslant a\leqslant 3\ 或\ a=-1.$$

7. $\alpha=\dfrac{k\pi}{2}+\dfrac{\pi}{8}(k\in\mathbf{Z})$ 【解析】设 $\alpha\in[0,2\pi)$. 由已知得 $\sin\alpha+\sin 2\alpha+\sin 3\alpha=\cos\alpha+\cos 2\alpha+\cos 3\alpha$

$\Rightarrow 2\sin 2\alpha\cos\alpha+\sin 2\alpha=2\cos 2\alpha\cos\alpha+\cos 2\alpha$

$\Rightarrow \sin 2\alpha(2\cos\alpha+1)=\cos 2\alpha(2\cos\alpha+1)$，

所以 $\sin 2\alpha=\cos 2\alpha$ 或 $\cos\alpha=-\dfrac{1}{2}$（舍去）.

从而 $0=\sin 2\alpha-\cos 2\alpha=\sin 2\alpha-\sin\left(\dfrac{\pi}{2}-2\alpha\right)=$

$2\cos\dfrac{\pi}{4}\sin\left(2\alpha-\dfrac{\pi}{4}\right)$.

于是 $\alpha=\dfrac{\pi}{8},\dfrac{5\pi}{8},\dfrac{9\pi}{8},\dfrac{13\pi}{8}$.

又 $\sin\alpha\sin 2\alpha\sin 3\alpha=\cos\alpha\cos 2\alpha\cos 3\alpha$，且 $\sin 2\alpha=\cos 2\alpha$，因此 $\cos 4\alpha=0$，

$\alpha=\dfrac{(2k-1)\pi}{8}(k=1,2,\cdots,8)$.

经验证，$\alpha=\dfrac{k\pi}{2}+\dfrac{\pi}{8}(k\in\mathbf{Z})$ 满足题意.

点评： 元素之和（积）相等只是两个集合相等的必要条件，因此这里还必须检查集合的元素是否互异.

8. B 【解析】因为线段 AB 长度一定，所以只需要动点 P 到 AB 的距离为定值即可. 易知到直线 AB 的距离为定长 d 的点的集合是以 AB 为轴的圆柱体的侧面，则在平面 α 上，动点 P 的轨迹相当于这两个图形的交集，容易判定是椭圆.

点评： 如果仅在平面上考虑动点 P 的轨迹，不太容易得出结论. 类似初中时学习圆、中垂线等概念都是利用集合定义的，从集合的角度分析问题，可以让我们的思维站在另外一个高度.

9. $0\in P$　$2\notin P$ 【解析】由④可知，若 $x\in P$，则 $kx\in P(k\in\mathbf{N})$.

(1)由①可设 $x,y\in P$，且 $x>0,y<0$，则 $-yx\in P$，故 $xy,-xy\in P$，于是可知 $0\in P$.

(2)若 $2\in P$，则 P 中的负数全为偶数，否则，当 $-(2k+1)\in P(k\in\mathbf{N})$ 时，$-1=-2k-1+2k\in P$，与③矛盾. 于是由②知 P 中必有正奇数.

设 $-2m,2n-1\in P(m,n\in\mathbf{N})$，我们取适当正整数 q，使 $q\cdot|-2m|>2n-1$，则负奇数 $-2qm+(2n-1)\in P$. 前后矛盾.

综上可知，$2\notin P$.

10. 【证明】(1)若 $x\in S_i,y\in S_j$，则 $x-y,y-x\in S_k$，于是 $-x=(y-x)-y\in S_i$. 所以每个集合中均有非负元素.

当三个集合中的元素都只有 0 时，命题显然成立.

当三个集合中的元素不全为 0 时，设 S_1,S_2,S_3 中的最小正元素为 a，不妨设 $a\in S_1$，设 b 为 S_2,S_3 中最小的非负元素，不妨设 $b\in S_2$，则 $b-a\in S_3$.

若 $b>0$，则 $0\leqslant b-a<b$，与 b 的取法矛盾. 所以 $b=0$. 任取 $x\in S_1$，因 $0\in S_2$，故 $x=x-0\in S_3$. 所以 $S_1\subseteq S_3$. 同理 $S_3\subseteq S_1$.

故 $S_1=S_3$，即三个集合中至少有两个相等.

(2)是. 例如，取 $S_1=S_2=\{奇数\}$，$S_3=\{偶数\}$，此时显然满足条件，S_1 和 S_2 与 S_3 都无公共元素.

11. -5 【解析】易得 $B\subseteq\{-3,-2,-1,0\}$，验证即可得 $B=\{-3,-2\}$，所以所求为 $-2-3=-5$.

12. $M=N$ 【解析】$u=12m+8n+4l=4(3m+2n+l)$，由于 $3m+2n+l$ 可以取任意整数值，故 M 表

示所有 4 的倍数的集合. 同理 $u=20p+16q+12r$ $=4(5p+4q+3r)$ 也表示全体 4 的倍数的集合. 故 $M=N$.

13. $-\dfrac{3}{2}$ 【解析】假如 $x\geqslant0$, 则最大、最小元素之差不超过 $\max\{3,x\}$, 而所有元素之和大于 $\max\{3,x\}$, 不符合条件. 故 $x<0$, 即 x 为最小元素.

于是 $3-x=6+x$, 解得 $x=-\dfrac{3}{2}$.

14. $[0,3)$ 【解析】因为 $x^2-ax-4=0$ 有 2 个实根 $x_1=\dfrac{a}{2}-\sqrt{4+\dfrac{a^2}{4}}$, $x_2=\dfrac{a}{2}+\sqrt{4+\dfrac{a^2}{4}}$, 故 $B\subseteq A$ 等价于 $x_1\geqslant-2$ 且 $x_2<4$, 即 $\dfrac{a}{2}-\sqrt{4+\dfrac{a^2}{4}}\geqslant-2$ 且 $\dfrac{a}{2}+\sqrt{4+\dfrac{a^2}{4}}<4$, 解得 $0\leqslant a<3$.

15. $5-2\sqrt{3}$ 【解析】由 $1\leqslant a\leqslant b\leqslant2$ 知, $\dfrac{3}{a}+b\leqslant\dfrac{3}{1}+2=5$, 当 $a=1,b=2$ 时, 得最大元素 $M=5$, 又 $\dfrac{3}{a}+b\leqslant\dfrac{3}{1}+2=5$, 当 $a=b=\sqrt{3}$ 时, 得最小元素 $m=2\sqrt{3}$.

因此, $M-m=5-2\sqrt{3}$.

16. $S\subsetneqq T$ 【解析】若 x^2-y^2 为奇数, 则 $\sin(2\pi x^2)-\sin(2\pi y^2)=0=\cos(2\pi x^2)-\cos(2\pi y^2)$ 即 $S\subseteq T$.

又当 $x=y$ 时, $\sin(2\pi x^2)-\sin(2\pi y^2)=\cos(2\pi x^2)-\cos(2\pi y^2)$, 即得 $S\subsetneqq T$.

17. 1001 【解析】解法一: 对于任一整数 $n(0<n\leqslant1000)$, 以 n 为最大数的集合有 2^{n-1} 个, 以 n 为最小数的集合有 2^{1000-n} 个, 以 $1001-n$ 为最小数的集合有 2^{n-1} 个, 以 $1001-n$ 为最大数的集合有 2^{1000-n} 个. 故 n 与 $1001-n$ 都出现 $2^{n-1}+2^{1000-n}$ 次.

于是所有 a_x 的和为 $\dfrac{1}{2}\sum_{n=1}^{1000}[1001\cdot(2^{n-1}+2^{1000-n})]$ $=1001\times(2^{1000}-1)$. 故所求平均值为 1001.

解法二: 对于任一组子集 $A=\{b_1,b_2,\cdots,b_k\}$, $b_1<b_2<\cdots<b_k(1\leqslant k<1000)$, 取子集 $A'=\{1001-b_1, 1001-b_2,\cdots,1001-b_k\}$, 若 $A\neq A'$, 则此二子集最大数与最小数之和为 $b_1+b_k+1001-b_1+1001-b_k$

$=2002$, 平均数为 1001. 若 $A=A'$, 则 A 本身的为 1001.

由于每一子集均可配对. 故所求算术平均数为 1001.

18. $M\subsetneqq P\subsetneqq N$ 【解析】M 表示以 $(1,0),(0,1),(-1,0)$, $(0,-1)$ 为顶点的正方形内部的点的集合 (不包括边界); N 表示焦点为 $\left(\dfrac{1}{2},-\dfrac{1}{2}\right)$, $\left(-\dfrac{1}{2},\dfrac{1}{2}\right)$, 长轴为 $2\sqrt{2}$ 的椭圆内部的点的集合, P 表示由 $x+y=\pm1,x=\pm1,y=\pm1$ 围成的六边形内部的点的集合.

19. -2 【解析】$0\in M$, 但 $xy\neq0$, 故只有 $\lg(xy)=0$, 即 $xy=1$.

于是 $1\in N$, 故 $|x|=1$ 或 $y=1$.

若 $y=1$, 则由 $xy=1$, 可得 $x=1$, 与元素相异性矛盾. 故 $y\neq1$.

所以 $|x|=1$, $x=1$ 或 $x=-1$, 其中 $x=1$ 舍去. 故 $x=-1$. $y=-1$.

于是 $x^{2k}+\dfrac{1}{y^{2k}}=2; x^{2k+1}+\dfrac{1}{y^{2k+1}}=-2(k\in\mathbf{N}^*)$.

故所求值为 -2.

20. $\left(-\infty,-\dfrac{9}{17}\right]\cup\left[\dfrac{42}{41},+\infty\right)$ 【解析】$B=\left[-\dfrac{7}{2},6\right]$, 而 $A\cap B=A\Rightarrow A\subseteq B$, 考虑 $a=\dfrac{-3x}{x^2-2}$, 容易知道 A 不为空集, 由答图可知 a 的取值范围为 $\left(-\infty,-\dfrac{9}{17}\right]\cup\left[\dfrac{42}{41},+\infty\right)$.

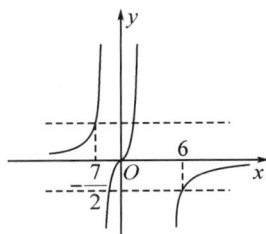

第 20 题答图

21. ①② 【解析】①是真命题, 因为集合 S 里的元素, 不管是相加、相减, 还是相乘, 都是复数, 并且实部、虚部都是整数;

②当 $x=y$ 时, $x-y=0\in S$, 所以②是真命题;

③不是真命题, 举例: $\{0\}$ 就是封闭集, 但是是有

限集;

④不是真命题,举例:令 $S=\{0\}$, $T=\{0,1\}$,集合 T 不是封闭集.

22. 2 **【解析】**当 $-2<a<2$ 时,集合①为空集,所以集合①不是"互倒集".

$\{x\mid x^2-4x+1<0\}=\{x\mid 2-\sqrt{3}<x<2+\sqrt{3}\}$,则

$\dfrac{1}{2+\sqrt{3}}<\dfrac{1}{x}<\dfrac{1}{2-\sqrt{3}}$,即 $2-\sqrt{3}<\dfrac{1}{x}<2+\sqrt{3}$,

所以集合②是"互倒集".

当 $x\in\left[\dfrac{1}{e},1\right)$ 时,$y\in[-e,0)$;当 $x\in(1,e]$ 时,$y\in\left(0,\dfrac{1}{e}\right]$,所以集合③不是"互倒集".

$y\in\left[\dfrac{2}{5},\dfrac{12}{5}\right)\cup\left[2,\dfrac{5}{2}\right]=\left[\dfrac{2}{5},\dfrac{5}{2}\right]$,所以集合④是"互倒集".

23. $\left(\dfrac{1}{3},\dfrac{1}{2}\right)\cup(1,+\infty)$ **【解析】**由题意得 $\log_a(3a-1)$

$>1\Leftrightarrow\begin{cases}0<a<1,\\0<3a-1<a,\end{cases}$ 或 $\begin{cases}a>1,\\3a-1>a.\end{cases}$

解得 $a\in\left(\dfrac{1}{3},\dfrac{1}{2}\right)\cup(1,+\infty)$.

24. 805 **【解析】**设有 t 个二元子集符合条件,记为 $\{x_1,y_1\}$, $\{x_2,y_2\}$,$\cdots$,$\{x_t,y_t\}$.

一方面,对任意 $1\leqslant i<j\leqslant t$,有 $\{x_i,y_i\}\cap\{x_j,y_j\}=\varnothing$,则 $x_1,x_2,\cdots,x_t,y_1,y_2,\cdots,y_t$ 为 $2t$ 个不同整数,所以 $\displaystyle\sum_{i=1}^{t}(x_i+y_i)\geqslant\sum_{i=1}^{2t}i=t(2t+1)$. ①

另一方面,对任意 $1\leqslant i<j\leqslant t$,有 $x_i+y_i\neq x_j+y_j$ 且 $x_i+y_i\leqslant 2014$,所以

$\displaystyle\sum_{i=1}^{t}(x_i+y_i)\leqslant\sum_{i=1}^{t}(2015-i)=\dfrac{t\cdot(4029-t)}{2}$. ②

由①②得 $t\leqslant 805$.

下证:$t=805$ 符合要求.

事实上,找到特例即可,举例如下.

(1) $\{k,1208+k\}(k=1,2,\cdots,402)$,$\{k,403+k\}$ $(k=403,404,\cdots,805)$.

(2) $\{k,1611-2k\}(k=1,2,\cdots,402)$,$\{k,2016-k\}(k=403,404,\cdots,805)$.

25. (1) 5 (2) $\{a_1,a_2,a_5,a_7,a_8\}$

【解析】(1)根据 k 的定义,可知 $k=2^{1-1}+2^{3-1}=5$.

(2) $(211)_{10}=(11010011)_2$,故 E 的第 211 个子集为 $\{a_1,a_2,a_5,a_7,a_8\}$.

26. 7 **【解析】**若 A 有 4 个正数,不妨设 $a_1>a_2>a_3>a_4>\cdots>a_n$,则由题意很容易知道 $a_2+a_3=a_1$,$a_2+a_4=a_1$,从而可知 $a_3=a_4$ 矛盾! 故 A 中最多有 3 个正数.

同理可知最多有 3 个负数,故 $|A|\leqslant 7$,取 $A=\{-3,-2,-1,0,1,2,3\}$,可知等号成立.

27. 2020 **【解析】**易知所有非空子集元素乘积的倒数和为 $\displaystyle\sum_{i=1}^{2020}\dfrac{1}{i}+\sum_{1\leqslant i<j\leqslant 2020}\dfrac{1}{ij}+\cdots+\dfrac{1}{1\times 2\times\cdots\times 2020}$

$=(1+1)\left(1+\dfrac{1}{2}\right)\cdots\left(1+\dfrac{1}{2020}\right)-1=2020$

28. 2 **【解析】**由分母不为 0 知 $a\neq 0$.由集合相等可以得到 $a+b=0$,从而 $\dfrac{b}{a}=-1$,故 $a=-1$,且 $b=1$.

所以 $a^{2018}+b^{2018}=(-1)^{2018}+1^{2018}=2$.

29. $\{1,\log_2 3,\log_2 5\}$ **【解析】**设 $A=\{\log_2 a,\log_2 b,\log_2 c\}$,其中 $0<a<b<c$,则 $ab=6$,$ac=10$,$bc=15$,解得 $a=2$,$b=3$,$c=5$. 从而 $A=\{1,\log_2 3,\log_2 5\}$.

30. $\dfrac{1}{2}\leqslant a\leqslant 3$ **【解析】**由题意知 $B=[-1,2a+3]$,要使 $C\subseteq B$,只需 C 中的最大元素在 B 中,从而 $\begin{cases}(-2)^2\leqslant 2a+3,\\a^2\leqslant 2a+3,\end{cases}$ 解得 $\dfrac{1}{2}\leqslant a\leqslant 3$.

31. $\left(-\dfrac{1}{2},+\infty\right)$. **【解析】** $A=\{x\mid 1\leqslant x\leqslant 2\}$.由 $\dfrac{1}{x-3}<a$,考虑图象即可得 a 的取值范围为 $\left(-\dfrac{1}{2},+\infty\right)$.

32. 57 **【解析】**从五个正整数中任取四个求和,可以得到五个和值,而集合 $\{44,45,46,47\}$ 中只有四个元素,故一定有两个和值相等. 因为这五个和值的和为 $4(a+b+c+d+e)$,所以 $44+44+45+46+47\leqslant 4(a+b+c+d+e)\leqslant 44+45+46+47+47$,解得 $a+b+c+d+e=57$.

33. -1 【解析】设集合 $M=\{a_1,a_2,\cdots,a_{10}\}$，其中某个 $a_i=-1(1\leqslant i\leqslant 10)$，构造以 $a_1,a_2,\cdots,a_{10}$ 的相反数为零点的 10 次多项式函数 $f(x)$.

令 $f(x)=(x+a_1)(x+a_2)\cdots(x+a_{10})$，

则一方面，$f(1)=0$，

另一方面，$f(1)=(1+a_1)(1+a_2)\cdots(1+a_{10})=1+\sum_{i=1}^{1023}m_i$，

所以 $\sum_{i=1}^{1023}m_i=f(1)-1=0-1=-1$.

34. 248 【解析】取 $A_0=\{1,2,4,8,16,32,64,128,247,248,750\}$，易知 A_0 满足题目要求，且 a_{10} 的最小可能值不超过 248.

下证：a_{10} 不可能比 248 更小.

这是因为前 10 个数之和不能小于 750，否则，设 $\sum_{i=1}^{10}a_i=m,m<750$，则 $a_{11}=1500-m$，对 $n\in(m,1500-m)$，显然不存在 A 的子集 S，使 $\sigma(S)=n$，于是前 10 个数之和至少为 750.

容易知道 $a_i\leqslant 2^i(i=1,2,\cdots,8)$，因 $1+2+\cdots+2^7=255$，由整数的二进制表示，可知其前 8 个数之和最大为 255，故 a_9+a_{10} 的最小可能值为 495，从而 a_{10} 至少为 248.

综上，a_{10} 的最小可能值为 248.

35. 【证明】考虑 $G_1=\{1,200\},G_2=\{2,199\},\cdots,G_{100}=\{100,101\}$. 由题意可知 G_i 的元素在 G 中恰好只出现一次，不妨设 G 中元素形式为 $4k+i(i=1,2,3,4)$ 的个数为 t_i，则可知 $t_1+t_4=50,t_2+t_3=50$，于是有 $t_1+2t_2+3t_3+4t_4\equiv t_1+2t_2-t_3\equiv 0\pmod 4$，故可知 $t_1+100-2t_3-t_3\equiv 0\pmod 4\Rightarrow t_1+t_3\equiv 0\pmod 4$.

$a_1^2+a_2^2+\cdots+a_{100}^2+(201-a_1)^2+(201-a_2)^2+\cdots+(201-a_{100})^2=\sum_{i=1}^{200}i^2$，

又 $\sum_{i=1}^{100}a_i=10080$，故可知 $\sum_{i=1}^{100}a_i^2$ 为定值.

36. 448 【解析】集合 $\{1,2,3,4,5,6,7\}$ 的子集中，除去 $\{7\}$ 外还有 2^7-2 个非空子集合，把这 2^7-2 个非空子集两两结组后分别计算每一组中"交替

和"之和，结组原则是设 $A_i=\{7,a_1,a_2,\cdots\}$，$A_i'=A_i-\{7\}$，把 A_i,A_i' 结合为一组. 显然，每组"交替和"之和应为 7，共有 $\dfrac{2^7-2}{2}$ 组. 所以，所有"交替和"之和应该为 $7\times\dfrac{2^7-2}{2}+7=448$.

37. $\dfrac{3^n+1}{2}$ 【解析】分析一：一般想法是对于一个子集，求出与它不交的子集个数，然后就可以求出总的子集对数.

解法一：考虑一个 k 元子集，与其不交的集合有 2^{n-k} 个，而一共有 C_n^k 个 k 元子集，故可知一共有 $\sum_{k=0}^{n}(2^{n-k}C_n^k)=(1+2)^n=3^n$ 对有序不交子集对，可以看到除了 $(\varnothing,\varnothing)$ 以外，一共有 $\dfrac{3^n-1}{2}$ 个无序对，故总共有 $\dfrac{3^n+1}{2}$ 个无序对.

分析二：可以从元素的角度来思考问题. 对一个元素来说，它有三种不同的选择：在第一个集合中，或在第二个集合中，或不在两个集合中.

解法二：在计算有序对的数目时，对每一个元素来说有三种可能，它在第一个子集中，或在第二个子集中，或不在其中任意一个子集中，因此不同的有序不交子集对的总对数为 3^n，以下同解法一.

分析三：可以从递推的角度计数.

解法三：考虑 n 元集合 A 有 a_n 对不同的无序不交子集对. 设其中一个元素为 a，对 $A-\{a\}$，其有 a_{n-1} 对不同的无序不交子集对，对含 a 的子集，有 $2(a_{n-1}-1)+1=2a_{n-1}-1$ 个（考虑 $(\varnothing,\varnothing)$），于是可知 $a_n=3a_{n-1}-1\Rightarrow a_n=\dfrac{3^n+1}{2}$.

38. (1) 5　6　(2) 见解析　(3) $2n-3$

【解析】(1) 由 $2+4=6,2+6=8,4+6=10,4+8=12,6+8=14$，得 $l(P)=5$.

由 $2+4=6,2+8=10,2+16=18,4+8=12,4+16=20,8+16=24$，得 $l(Q)=6$.

(2) 因为 $a_i+a_j(1\leqslant i<j\leqslant n)$ 共有 $\dfrac{n(n-1)}{2}$ 项，

所以 $l(A) \leqslant \dfrac{n(n-1)}{2}$.

又集合 $A = \{2, 4, 8, \cdots, 2^n\}$,不妨设 $a_m = 2^m$,$m = 1, 2, \cdots, n$.

对 $a_i + a_j$,$a_k + a_l$($1 \leqslant i < j \leqslant n$,$1 \leqslant k < l \leqslant n$),

当 $j \neq l$ 时,不妨设 $j < l$,则 $a_i + a_j < 2a_j = 2^{j+1} \leqslant a_l < a_k + a_l$,即 $a_i + a_j \neq a_k + a_l$;

当 $j = l$,$i \neq k$ 时,$a_i + a_j \neq a_k + a_l$;

因此,当且仅当 $i = k$,$j = l$ 时,$a_i + a_j = a_k + a_l$.

综上,所有的 $a_i + a_j$($1 \leqslant i < j \leqslant n$)值两两不同,

因此 $l(A) = \dfrac{n(n-1)}{2}$.

(3)不妨设 $a_1 < a_2 < \cdots < a_n$,可得

$a_1 + a_2 < a_1 + a_3 \cdots < a_1 + a_n < a_2 + a_n < \cdots < a_{n-1} + a_n$,

故 $a_i + a_j$($1 \leqslant i < j \leqslant n$)中至少有 $2n - 3$ 个不同的数,即 $l(A) \geqslant 2n - 3$,取 $a_i = i$($i = 1, 2, \cdots, n$)即可取等号,

所以 $l(A)$ 的最小值为 $2n - 3$.

39. 4 或 5 或 6 或 7　**【解析】**设 $S = \{a_1, a_2, \cdots, a_n\}$($a_1 < a_2 < \cdots < a_n$),则易知 $a_1 a_2 < \cdots < a_1 a_n < a_2 a_n < \cdots < a_{n-1} a_n$,且其都属于 T.

于是可知 $\dfrac{a_{n-1} a_n}{a_1 a_2} > \cdots > \dfrac{a_2 a_n}{a_1 a_2} > \dfrac{a_1 a_n}{a_1 a_2} > \cdots > \dfrac{a_1 a_3}{a_1 a_2}$,且其都属于 S,而这有 $2n - 4$ 个元素,于是可知 $2n - 4 \leqslant n \Rightarrow n \leqslant 4$.

(1)当 $n = 4$ 时,由 $\dfrac{a_3 a_4}{a_1 a_2} > \dfrac{a_2 a_4}{a_1 a_2} > \dfrac{a_1 a_4}{a_1 a_2} > \dfrac{a_1 a_3}{a_1 a_2} \Rightarrow$

$$\begin{cases} a_3 = a_2 a_1, \\ a_4 = a_2^2, \\ a_4 = a_1 a_3, \\ a_3 = a_1 a_2, \end{cases}$$
可知 $S = \{a_1, a_1^2, a_1^3, a_1^4\}$,故可知 $T = \{a_1^3, a_1^4, a_1^5, a_1^6, a_1^7\}$,于是此时对应的 $|S \cup T| = 7$.

(2)当 $n = 3$ 时,$\dfrac{a_2 a_3}{a_1 a_2} > \dfrac{a_1 a_3}{a_1 a_2}$,$\dfrac{a_2 a_3}{a_1 a_2} > \dfrac{a_2 a_3}{a_1 a_3} \cdot \dfrac{a_2 a_3}{a_1 a_2}$ 可等于 a_2.

①若 $\dfrac{a_2 a_3}{a_1 a_2} = a_2$,则 $a_2 > \dfrac{a_2}{a_1} \Rightarrow a_2 = a_1^2$,于是可知 $S = \{a_1, a_1^2, a_1^3\}$,故 $\{a_1^3, a_1^4, a_1^5\} \subseteq T$.

若存在 $x \notin \{a_1^3, a_1^4, a_1^5\}$,则若 $x < a_1^3$,有 $\dfrac{a_1^3}{x} = a_1 \Rightarrow x = a_1^2$;若 $x > a_1^5$,则 $\dfrac{x}{a_1^5} = a_1 \Rightarrow x = a_1^6$,易知不存在 $a_1^3 < x < a_1^5$.于是可知 $T = \{a_1^3, a_1^4, a_1^5\}$,$\{a_1^2, a_1^3, a_1^4, a_1^5\}$,$\{a_1^3, a_1^4, a_1^5, a_1^6\}$,故可知此时对应的 $|S \cup T| = 5, 6$.

②若 $\dfrac{a_2 a_3}{a_1 a_2} = a_3$,则 $a_1 = 1$,故 $S = \{1, a_2, a_2^2\}$,所以 $\{a_2, a_2^2, a_2^3\} \subseteq T$,同上讨论可知 $T = \{a_2, a_2^2, a_2^3\}$,故此时对应的 $|S \cup T| = 4$.

注:本题为 2020 年浙江高考选择题的最后一题.

40.【证明】(1)考虑 $f(k) = 2k$,$k \in \mathbf{N}^*$,可知其为一个双射,于是 $\mathbf{N}^*$ 与 $\{2k \mid k \in \mathbf{N}^*\}$ 等势.

同理可知 $\mathbf{N}^*$ 与 $\mathbf{N}$ 等势.

对 $\mathbf{Z}$,我们考虑 $f: \mathbf{N} \to \mathbf{Z}$,$f(x) = x$,可知其为一个单射,于是有 $\overline{\overline{\mathbf{Z}}} \geqslant \overline{\overline{\mathbf{N}}}$,

考虑 $f(k) = \begin{cases} 2k-1, & k > 0, \\ -2k, & k \leqslant 0, \end{cases}$ $k \in \mathbf{Z}$,可知其为 $\mathbf{Z}$ 到 $\mathbf{N}$ 的一个单射,故 $\overline{\overline{\mathbf{Z}}} \leqslant \overline{\overline{\mathbf{N}}}$.

于是可知 $\overline{\overline{\mathbf{Z}}} = \overline{\overline{\mathbf{N}}} = \overline{\overline{\mathbf{N}^*}}$.

(2)考虑映射 $f: \mathbf{R} \to (-1, 1)$,$f(x) = \dfrac{2}{\pi} \arctan x$,其为一个双射,故可知 $\overline{\overline{(-1, 1)}} = \overline{\overline{\mathbf{R}}}$.

(3)首先由定理可知,一个数为可数集的充要条件是可将其写成 $\{a_1, a_2, \cdots, a_n, \cdots\}$ 的形式,而对可数集 $A_1, A_2, \cdots, A_n, \cdots$,不妨设其互不相交.

设 $A_i = \{a_{i1}, a_{i2}, \cdots\}$($i = 1, 2, \cdots$),将 A_i 的元素排成一行,考虑以对角线的顺序来表示,则容易证明

$$f: \bigcup_{i \in \mathbf{N}^*} A_i \to \mathbf{N}^*, \quad f(a_{ij}) = \dfrac{(i+j-1)(i+j-2)}{2} + i$$

为一个单射.又 $f(i) = a_{1i}$ 为 $\mathbf{N}^*$ 到 $\bigcup_{i \in \mathbf{N}^*} A_i$ 的一个单射,故可知 $\bigcup_{i \in \mathbf{N}^*} A_i$ 与 $\mathbf{N}^*$ 等势,故为可数集.

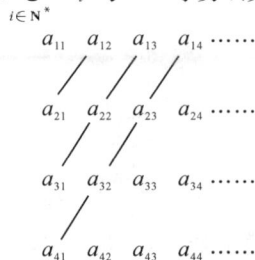

注:在本题中我们介绍了集合的势的概念,对于无限集,我们无法严格地比较其大小,而集合的

势利用映射这一工具,给了我们一个比较无限的方法.无限之间亦有差距,例如,可以证明某个集合为可数集或不可数集,这说明集合的阶的无限程度并不相同.

Schröder-Bernstein 定理在无限集下并不显然,我们有时候很难直接给出两个无限集之间的双射,其证明也较为困难.

第2章 集合的运算

1. (1) $A=\{x\mid 3\leqslant x<7\}$ $(\complement_{\mathbf{R}}A)\bigcap B=\{7,8,9\}$

(2) $3<a\leqslant 6$

【解析】(1)函数 $f(x)=\sqrt{x-3}-\dfrac{1}{\sqrt{7-x}}$ 应满足 $x-3\geqslant 0$,且 $7-x>0$,解得 $3\leqslant x<7$,则 $A=\{x\mid 3\leqslant x<7\}$,得到 $\complement_{\mathbf{R}}A=\{x\mid x<3$ 或 $x\geqslant 7\}$,

而 $B=\{x\in \mathbf{Z}\mid 2<x<10\}=\{3,4,5,6,7,8,9\}$,故 $(\complement_{\mathbf{R}}A)\bigcap B=\{7,8,9\}$.

(2) $C=\{x\in\mathbf{R}\mid x<a$ 或 $x>a+1\}$,要使 $A\bigcup C=\mathbf{R}$,则有 $a>3$,且 $a+1\leqslant 7$,解得 $3<a\leqslant 6$.

2. $[2,3]$ 【解析】 $(\complement_U M)\bigcap(\complement_U N)=\complement_U(M\bigcup N)$.易知 $M=\{(x,y)\mid y-3=x-2,x\neq 2\}=\{(x,y)\mid y:x+1,x\neq 2\}$,则 $M\bigcup N=\{(x,y)\mid x\neq 2,y\neq 3\}$,所以 $(\complement_U M)\bigcap(\complement_U N)=\{(2,3)\}$.

> **点评**:这里用反演律让所求更简洁.

3. $k=1$ $b=2$ 【解析】考虑 $(A\bigcup B)\bigcap C=\varnothing\Leftrightarrow A\bigcap C=\varnothing$,$B\bigcap C=\varnothing$.

由 $A\bigcap C=\varnothing$,联立 $\begin{cases}y^2-x-1=0,\\ y=kx+b,\end{cases}$

整理得 $k^2x^2+(2kb-1)x+b^2-1=0$.

当 $k=0$ 时,方程有解 $x=b^2-1$,不合题意;

当 $k\neq 0$ 时,由 $\Delta=(2kb-1)^2-4k^2(b^2-1)<0$,且 $k\in\mathbf{N}$,可得 $b>\dfrac{4k^2+1}{4k}$,

因为 $k\in\mathbf{N}$,所以 $b>k+\dfrac{1}{4k}\geqslant 2\sqrt{k\cdot\dfrac{1}{4k}}=1$.

又由 $B\bigcap C=\varnothing$,联立 $\begin{cases}4x^2+2x-2y+5=0,\\ y=kx+b,\end{cases}$

整理得 $4x^2+2(1-k)x+5-2b=0$.

由 $\Delta=4(1-k)^2-16(5-2b)<0$,

可得 $b<\dfrac{20-(1-k)^2}{8}\leqslant\dfrac{20}{8}$,

又因为 $b\in\mathbf{N}$,所以 $b=2$,从而 $k=1$.

4. $\{3,5,7\}$ 【解析】画 Venn 图,把条件中的元素填在对应的位置,可知 $A\bigcap(\complement_I B)=\{3,5,7\}$.

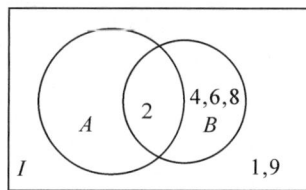
第4题答图

5. 500 【解析】借助 Venn 图和分步计数原理计算.

由 $A\bigcap B=\{a_1,a_2\}$,可知 a_1,a_2 各有 2 种不同的填法,而 a_3,a_4,a_5 各有 5 种不同的填法,由分步计数原理,这 5 个元素填入答图中,共有 $2\times 2\times 5\times 5\times 5=500$ 种方法.

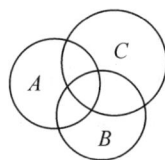
第5题答图

6. $\{x\mid 0\leqslant x\leqslant 1$ 或 $x>2\}$ 【分析】读懂运算 $A\otimes B$ 的含义,由 Venn 图可得 $A\otimes B=\complement_{A\bigcup B}(A\bigcap B)$,进而转化为学习过的集合运算进行求解.

【解析】因为 $A=\{x\mid 0\leqslant x\leqslant 2\}$,$B=\{y\mid y>1\}$,$A\bigcup B=\{x\mid x\geqslant 0\}$,$A\bigcap B=\{x\mid 1<x\leqslant 2\}$,所以 $A\otimes B=\complement_{A\bigcup B}(A\bigcap B)=\{x\mid 0\leqslant x\leqslant 1$ 或 $x>2\}$.

> **点评**:本题是在学习了集合的交集、并集、补集的基础上新定义的一种运算,在理解新运算的含义后,将其转化为交、并、补运算,即新知识转化.

7. $\sqrt{2}$ 或 $2+\sqrt{2}$ 【解析】集合 A 的图形是依次连接 $(a,0),(0,a),(-a,0),(0,-a)$ 四点的线段.

又 $(\mid x\mid-1)(\mid y\mid-1)=0\Rightarrow\mid x\mid=1,\mid y\mid=1$,故集合 B 的图形是直线 $x=1,x=-1,y=1,y=-1$.

A,B 相交可得一个正八边形.

如答图所示,如果 A,B 相交得到的正八边形为小正八边形,那么易知 $a=\tan 22.5°+1=\sqrt{2}$;如果

A,B 相交得到的正八边形为大正八边形,那么易知 $a-\dfrac{1}{\tan 22.5°}+1=2+\sqrt{2}$.

综上,$a=\sqrt{2}$ 或 $2+\sqrt{2}$.

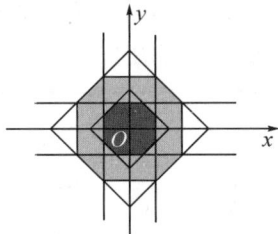

第7题答图

8.【分析】S 有 2^n 个子集,将两个互为补集的子集作为一组,则可将 2^n 个子集分成 2^{n-1} 组,记为 $\{A_i', B_i'\}(i=1,2,\cdots,2^{n-1})$,显然 A_i 只能选取每组中的一个子集.

【解析】设 $a\in S$,因为 $|S|=n$,所以 S 的子集中含 a 的子集有 2^{n-1} 个,显然它们两两之间的交非空,所以 k 的最大值不小于 2^{n-1}.

又可将 S 的 2^n 个子集分成 2^{n-1} 组,每组有 2 个集合,它们互为补集,若 $k>2^{n-1}$,则必有 2 个集合 $A_i,A_j(i\neq j)$ 来自上述同一组,但 $A_i\cap A_j=\varnothing$,与题意不符.

综上,k 的最大值为 2^{n-1}.

9.【证明】不妨设 $|A_1|=k$.设在 $A_1,A_2,\cdots,A_n$ 中与 A_1 不相交的集合有 s 个,记为 $B_1,B_2,\cdots,B_s$.设包含 A_1 的集合有 t 个,于是有 $n-s-t$ 个集合与 A_1 相交但不包含.

由于 $A_1\cup B_i(i=1,2,\cdots,s)\in S$,且其互不相同,故可知 $t\geqslant s$.

于是可知 A_1 中的元素在 $A_1,A_2,\cdots,A_n$ 中的出现次数至少为 $tk+n-s-t\geqslant n-s+t\geqslant n$(利用 $k\geqslant 2$)),又因为 A_i 中有 k 个元素,故有一个元素至少出现在 $\dfrac{n}{k}$ 个集合中.

10. $2^{99}-1$ **【解析】**对有限非空实数集 A,用 $\min A$,$\max A$ 分别表示 A 中的最小元素和最大元素.

考虑 S 的所有包含 1 且至少有两个元素的子集,一共有 $2^{99}-1$ 个,它们显然满足要求,因为 $\min(A_i\cap A_j)=1<\max A_i$,故 $k_{\max}\geqslant 2^{99}-1$.

下面证明 $k\geqslant 2^{99}$ 时不存在满足要求的 k 个子集.可用数学归纳法证明.对整数 $n\geqslant 3$,在集合 $\{1,2,\cdots,n\}$ 的任意 $m(m\geqslant 2^{n-1})$ 个不同的非空子集 $A_1,A_2,\cdots,A_m$ 中,存在 2 个不同的子集 A_i,A_j,满足 $A_i\cap A_j\neq\varnothing$,且

$$\min(A_i\cap A_j)=\max A_i. \qquad ①$$

显然只需对 $m=2^{n-1}$ 的情形证明上述结论即可.

当 $n=3$ 时,将 $\{1,2,3\}$ 的全部非空子集分成三组:第一组 $\{3\},\{1,3\},\{2,3\}$;第二组 $\{2\},\{1,2\}$;第三组 $\{1\},\{1,2,3\}$.

由抽屉原理,任意 4 个非空子集必有 2 个是在同一组,取同组的 2 个子集 A_i,A_j,排在前面的记为 A_i,则满足①;

假设当 $n(n\geqslant 3)$ 时,结论①成立,考虑 $n+1$ 时,若 $A_1,A_2,\cdots,A_{2^n}$ 中至少有 2^{n-1} 个子集不含 $n+1$,则对其中 2^{n-1} 个子集用归纳假设,可知存在 2 个子集满足①;若至多有 $2^{n-1}-1$ 个子集不含 $n+1$,则至少有 $2^{n-1}+1$ 个子集含 $n+1$,将其中 $2^{n-1}+1$ 个子集去掉 $n+1$,得到 $\{1,2,\cdots,n\}$ 的 $2^{n-1}+1$ 个子集.

又由于 $\{1,2,\cdots,n\}$ 的全体子集可以分成 2^{n-1} 组,每组的两个子集互补,故由抽屉原理,可知在上述 $2^{n-1}+1$ 个子集中一定有 2 个属于同一组,即互为补集.

因此,相应地有 2 个子集 A_i,A_j,满足 $A_i\cap A_j=\{n+1\}$,这两个子集显然满足结论①.

故 $n+1$ 时结论也成立.

综上,所求 k 的最大值为 $2^{99}-1$.

11. 2 **【解析】**$\complement_U A=[-1,3]$,于是可知 $\begin{cases} m+2\geqslant 3, \\ m-2=0, \end{cases}$ 解得 $m=2$.

12. -8 **【解析】**由条件知 $1,2,4,m,m^2$(允许有重复)为 C 的全部元素,注意到,当 m 为实数时,$1+2+4+m+m^2>6$,$1+2+4+m^2>6$,故只可能是 $C=\{1,2,4,m\}$,且 $1+2+4+m=6$,于是 $m=-1$(经检验符合题意),此时 C 的所有元素之积为 $1\times 2\times 4\times(-1)=-8$.

13. 30 **【解析】**$A \cap B = \left(\dfrac{b}{6}, \dfrac{a}{5} \right]$. 由题意知 $1 \leqslant \dfrac{b}{6} < 2$ 且 $4 \leqslant \dfrac{a}{5} < 5$, 故 $b \in \{6,7,8,9,10,11\}$, $a \in \{20, 21,22,23,24\}$, 则整数对 (a,b) 共有 30 组.

14. $-2 - \sqrt{3}$ **【解析】**点集 A 是圆周 $\Gamma: (x-1)^2 + (y-1)^2 = 2$, 点集 B 是恒过点 $P(-1,3)$ 的直线 $l: y - 3 = k(x+1)$ 及其下方(包括边界). 作出这两个点集知, 当 $A \cap B$ 是单元集合时, 直线 l 是过点 P 的圆周 Γ 的一条切线. 故圆周 Γ 的圆心 $M(1,1)$ 到直线 l 的距离等于圆的半径 $\sqrt{2}$, 故 $\dfrac{|k-1+k+3|}{\sqrt{k^2+1}} = \sqrt{2}$. 结合图象, 应取较小根 $k = -2 - \sqrt{3}$.

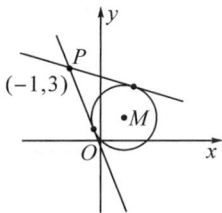

第14题答图

15. $\varnothing$ **【解析】**由题意得 $A = \{2\}$, $B = \{2, -1\}$, 故可知答案为 $\varnothing$.

16. $[6,9]$ **【解析】**即 $A \subseteq B$, $A \neq \varnothing$. 所以 $3 \leqslant 2a+1 \leqslant 3a-5 \leqslant 22$, 解得 $6 \leqslant a \leqslant 9$, 故解集为 $[6,9]$.

17. 7 **【解析】**如答图可知, 共有 7 个点, 即 $(1,3)$, $(1,4)$, $(1,5)$, $(2,2)$, $(2,3)$, $(3,2)$, $(4,2)$.

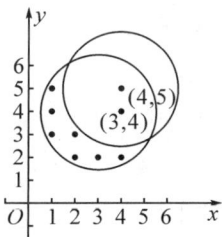

第17题答图

18. 9 **【解析】**对集合 M, 可得 $\tan \pi y = 0$, $\sin \pi x = 0$, 即 $y = k (k \in \mathbf{Z})$, $x = m (m \in \mathbf{Z})$. $M \cap N$ 即圆 $x^2 + y^2 = 2$ 的圆周及圆内的整点个数, 共 9 个.

19. 26 **【解析】**$a_1 \in A$ 或 $a_1 \notin A$, 有 2 种可能. 同样 $a_1 \in B$ 或 $a_1 \notin B$, 有 2 种可能. 但 $a_1 \notin A$ 与 $a_1 \notin B$ 不能同时成立, 故有 $2^2 - 1$ 种安排方式. 同样 a_2, a_3 也各有 $2^2 - 1$ 种安排方式. 故共有 $(2^2 - 1)^3 =$ 27 种安排方式. 需注意 $A \neq B$, 故排除 $A = B = \{a_1, a_2, a_3\}$ 的情况. 综上, 共有 26 对.

20. $\dfrac{2}{3}$ **【解析】**$M \cap N$ 在 xOy 平面上的图形关于 x 轴与 y 轴均对称, 由此只要算出 $M \cap N$ 的图形在第一象限的面积, 再乘以 4 即可. 由题意可得, $M \cap N$ 的图形在第一象限的面积 $S = \dfrac{1}{2} - \dfrac{1}{3} = \dfrac{1}{6}$. 因此 $M \cap N$ 的图形面积为 $\dfrac{2}{3}$.

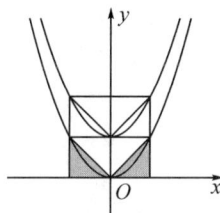

第20题答图

21. $\{(1,1)\}$ **【解析】**$\boldsymbol{a} = (1, m)$, $\boldsymbol{b} = (1-n, 1+n)$, 由 $\boldsymbol{a} = \boldsymbol{b}$, 得 $\begin{cases} 1 = 1-n, \\ m = 1+n, \end{cases}$ 所以 $m = 1$, $n = 0$. $P \cap Q = \{(1,1)\}$.

22. -2 或 -6 **【解析】**由 $\dfrac{y-3}{x-2} = 3$, 可得 $y = 3x - 3$ $(x \neq 2)$. 由 $M \cap N = \varnothing$, 可知有以下两种情形.
① 点 $(2,3)$ 在直线 $ax + 2y + a = 0$ 上, 即 $2a + 6 + a = 0$, 解得 $a = -2$.
② 直线 $y = 3x - 3$ 与直线 $ax + 2y + a = 0$ 平行, 则 $-\dfrac{a}{2} = 3$, 解得 $a = -6$.
故 $a = -2$ 或 -6.

23. ①②④ **【解析】**依题意, 可知 $U = \{(x,y) \mid x \in \mathbf{R}, y \in \mathbf{R}\}$ 表示整个平面直角坐标系区域, $M = \{(x,y) \mid |x| + |y| < a\}$ 表示如答图所示的平面区域, $P = \{(x,y) \mid y = f(x)\}$ 表示平面直角坐标系上函数 $y = f(x)$ 的曲线, 由题意可知 $M \cap P = \varnothing$.

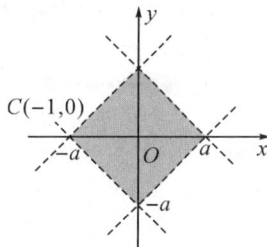

第23题答图

(1)对于①,我们知道其过点$(1,1)$,且其单调递减,故可知其与M无交点.①满足条件.

(2)对于②,我们考虑$\log_a x = -x + a$是否有解.

令$g(x) = \log_a x + x$,则

$$g'(x) = \frac{1}{\ln a} \cdot \frac{1}{x} + 1 \Rightarrow x = -\frac{1}{\ln a}$$时取最小值.

(i)当$a > \frac{1}{e}$时,$-\frac{1}{\ln a} > 1$,于是可知当$x = 1$时取得最小值1,而这大于a,此时无解;

(ii)当$0 < a < \frac{1}{e}$时,考虑证明:

$$\frac{\ln\left(-\frac{1}{\ln a}\right)}{\ln a} - \frac{1}{\ln a} > a$$

$$\Leftrightarrow \ln\left(-\frac{1}{\ln a}\right) - 1 < a\ln a \Leftrightarrow \frac{1}{\ln \frac{1}{a}} < e^{a\ln a + 1},$$

而$a\ln a + 1 > a \cdot \left(1 - \frac{1}{a}\right) + 1 = a$,

于是可知$\frac{1}{\ln \frac{1}{a}} < 1 < e^{a\ln a + 1}$,故成立,

于是可知$\log_a x > -x + a$成立.②满足条件.

(3)对于③,当$x = 0$时,$y = \sin a$,又因为$0 < \sin a < a$,所以$y = \sin(x + a)$曲线上的点$(0, \sin a)$必定在M表示的平面区域内.③不满足条件.

(4)对于④,首先其为偶函数,考虑一边即可,又$\cos a > 0$,$\cos ax$为凹函数,故可知其与M在第一象限无交点.④满足条件.

综上,满足条件的函数序号是①②④.

24.(1)17 (2)$(n-1)2^n + 1$ 【解析】根据题意,集合M的子集有2^n个,非空子集有$2^n - 1$个.在所有非空子集中,每个元素出现2^{n-1}次,所以有2^{n-1}个子集含n;有2^{n-2}个子集不含n,含$n-1$;有2^{n-3}个子集不含$n, n-1$,但含$n-2$;…;有2^{k-1}个子集不含$n, n-1, n-2, \cdots, k+1$,而含k.

所以$S_n = 2^{n-1} \times n + 2^{n-2} \times (n-1) + \cdots + 2^1 \times 2 + 1$,

利用错位相减法求得$S_n = (n-1)2^n + 1$,

所以$S_3 = 17$,$S_n = (n-1)2^n + 1$.

25.179 【解析】$366 = 17 \times 21 + 9$,我们考虑按模17的余数分组.

余0组:一共有21个;余1~7组,每组有22个;余10~16组,每组有21个;余8组,有22个;余9组,有22个.

我们考虑按照余数两两配对,则有$10 + 21 \times 7 + 22 = 179$个满足条件的二元子集.

而若有180个满足条件的二元子集,则必然会在一些组里超出,例如在余0的组中,有11个二元子集,则必然存在一个元素出现了两次,矛盾!其他组会出现与此类似的矛盾.故最多179个.

26.①②④ 【解析】由$A \subseteq B$,考虑分类讨论:

(i)当$x \in A$,则$x \in B$,此时$f_A(x) = f_B(x) = 1$;

(ii)当$x \notin A$,且$x \notin B$,即$x \in \complement_U B$,此时$f_A(x) = f_B(x) = 0$;

(iii)当$x \notin A$,且$x \in B$,即$x \in (\complement_U A) \bigcap B$时,$f_A(x) = 0$,$f_B(x) = 1$,此时$f_A(x) \leqslant f_B(x)$.

综上,有$f_A(x) \leqslant f_B(x)$,故①正确.

$$f_{\complement_U A}(x) = \begin{cases} 1, x \in \complement_U A, \\ 0, x \in A \end{cases} = 1 - f_A(x),$$故②正确,

$$f_{A \bigcup B}(x) = \begin{cases} 0, x \in A \bigcup B, \\ 1, x \in \complement_U(A \bigcup B) \end{cases} \neq f_A(x) + f_B(x),$$

故③不正确.

$$f_{A \bigcap B}(x) = \begin{cases} 1, x \in A \bigcap B, \\ 0, x \in \complement_U(A \bigcap B), \end{cases}$$

$$= \begin{cases} 1, x \in A \bigcap B, \\ 0, x \in \complement_U A \bigcup \complement_U B \end{cases} = f_A(x) \cdot f_B(x),$$

故④正确.

27.①④ 【解析】由于$C \subseteq D$,故可知对每个$z \in D^* \Rightarrow z \geqslant x, \forall x \in D, z \geqslant x, \forall x \in C, z \in C^*$,①正确;

取$C = D = \{0\}$,可知②错误;

当$C = (-\infty, a], D = (-\infty, a]$时,$D^* = [a, +\infty)$,此时$C \bigcap D^* \neq \varnothing$,所以③错误;

容易知道C, D的上确界$\sup C$,$\sup D$存在,故$C^* = [\sup C, +\infty)$,$D^* = [\sup D, +\infty)$,$\sup C \leqslant \sup D$,于是取$a = \sup D - \sup C$即可,④正确.

28.0 【解析】M的复数在复平面上对应的轨迹为双曲线$xy = 1 (x \neq 0, x \neq 1)$,$N$的图象为$x^2 + y^2 = 2 (x \geqslant 0)$,

二者无公共点(考虑切线),故元素个数为0.

29. $0,-1$ 【解析】首先 $\ln(x+2) \leqslant x+1$,取等条件为 $x=-1$,验证可知符合题意.

又 $1+x=1$,即 $x=0$ 时,验证可知符合题意.

30. 1204 【解析】由题意得 $ab=1275-a-b$,可得 $(a+1)(b+1)=1276=44 \times 29$,则 $ab=43 \times 28=1204$.

31. (1)$P_2=1$,$P_3=5$ (2)$P_n=(n-2)2^{n-1}+1$

【解析】(1)当 $n=2$ 时,$S=\{1,2\}$,此时 $A=\{1\}$,$B=\{2\}$,所以 $P_2=1$;

当 $n=3$ 时,$S=\{1,2,3\}$,若 $A=\{1\}$,则 $B=\{2\}$ 或 $\{3\}$ 或 $\{2,3\}$;若 $A=\{2\}$ 或 $\{1,2\}$,则 $B=\{3\}$,所以 $P_3=5$.

(2)当集合 A 中的最大元素为 k 时,集合 A 的其余元素可在 $1,2,\cdots,k-1$ 中任取若干个(包含不取).所以集合 A 共有 $C_{k-1}^0+C_{k-1}^1+C_{k-1}^2+\cdots+C_{k-1}^{k-1}=2^{k-1}$ 种情况.

此时,集合 B 的元素只能在 $k+1,k+2,\cdots,n$ 中任取若干个(至少取 1 个),所以集合 B 共有 $C_{n-k}^1+C_{n-k}^2+C_{n-k}^3+\cdots+C_{n-k}^{n-k}=2^{n-k}-1$ 种情况.

所以,当集合 A 中的最大元素为 k 时,集合对 (A,B) 共有 $2^{k-1}(2^{n-k}-1)=2^{n-1}-2^{k-1}$ 对.

当 k 依次取 $1,2,3,\cdots,n-1$ 时,可分别得到集合对 (A,B) 的对数,求和可得 $P_n=(n-1)2^{n-1}-(1+2+\cdots+2^{n-2})=(n-2)2^{n-1}+1$.

32. 87429 【解析】显然可以由题设找到这样的 1987 个集合,它们都含有一个公共元素 a,而且每两个集合不含 a 以外的公共元素.

下面,我们来排除其他可能性.

由任意两个集合的并集有 89 个元素,可知 1987 个集合中的任意两个集合有且只有一个公共元素,则对任一集合 A,由抽屉原理可知必然存在元素 a 出现在 A 以外的 45 个集合中,设为 A_1,$A_2,\cdots,A_{45}$,其余设为 $A_{46},A_{47},\cdots,A_{1986}$.

设 B 为 $A_{46},A_{47},\cdots,A_{1986}$ 中的任一集合,且 $a \notin B$,由题设 B 和 $A,A_1,\cdots,A_{45}$ 都有一个公共元素,且此 46 个元素各不相同,故 B 中有 46 个元

素,与题设矛盾,所以这 1987 个集合中含有 a.

故所求结果为 $1987 \times 44+1=87429$,即这 1987 个集合的并集有 87429 个元素.

注:在这里我们考虑一个元素所带来的最大结果.

33. n 【解析】对任意的 $i(1 \leqslant i \leqslant 2n)$,如果 $|A_i \cap A_{i+1}|=0$,则 $\dfrac{|A_i \cap A_{i+1}|}{|A_i| \cdot |A_{i+1}|}=0$.

以下假设 $|A_i \cap A_{i+1}| \geqslant 1$.

由于 $A_i \cap A_{i+1} \subseteq A_i$ 及 $A_i \cap A_{i+1} \subseteq A_{i+1}$,

所以 $|A_i \cap A_{i+1}| \leqslant \min(|A_i|,|A_{i+1}|)$.

又由于 $A_i \neq A_{i+1}$ 及其非空,

所以 $\max(|A_i|,|A_{i+1}|) \geqslant 2$.

因此 $\displaystyle\sum_{i=1}^{2n} \dfrac{|A_i \cap A_{i+1}|}{|A_i| \cdot |A_{i+1}|} \leqslant \sum_{i=1}^{2n} \dfrac{1}{\max(|A_i|,|A_{i+1}|)}$

$\leqslant \displaystyle\sum_{i=1}^{2n} \dfrac{1}{2}=n.$

上式的等号可以取到,例如:

$A_i=\{1\}$,$A_2=\{1,2\}$,$\cdots$,$A_{2i-1}=\{i\}$,$A_{2i}=\{i,i+1\}$,$\cdots$,$A_{2n-1}=\{n\}$,$A_{2n}=\{n,1\}$.

34. $-1,-4,1,\dfrac{5}{2}$

【解析】当 $a=1$ 时,$B=\varnothing$,符合要求.

当 $a \neq 1$ 时,集合 B 表示 $y=-(a+1)x+\dfrac{15}{a-1}$,由 $A \cap B=\varnothing$,可知这两条直线平行或交于一点 p(p 的横坐标为 $x=2$).

前者要求 $a+1=-(a+1)$ 且 $-2a+1 \neq \dfrac{15}{a-1}$,后者要求 $2(a+1)-2a+1=-2(a+1)+\dfrac{15}{a-1}$,分别求解可得 $a=-1$ 或 $a \in \left\{\dfrac{5}{2},-4\right\}$.

于是当 $a \in \left\{-1,-4,1,\dfrac{5}{2}\right\}$ 时,$A \cap B=\varnothing$.

35. (1)$0,1$ (2)$-1 \pm \sqrt{2}$

【解析】显然 $(0,1) \in A \cap B$,$(1,0) \in B \cap C$,所以 $(0,1)$,$(1,0) \in (A \cup B) \cap C$.

(1)当 $a=0$ 时,直线 $ax+y=1$ 与 $x+ay=1$ 均与圆 $x^2+y^2=1$ 相切,此时 $(A \cup B) \cap C=\{(0,1),(1,0)\}$.

当 $a=1$ 时,直线 $ax+y=1$ 与 $x+ay=1$ 重合,即连接 $(0,1)$,$(1,0)$ 的直线,此时 $(A\cup B)\cap C=\{(0,1),(1,0)\}$.

当 $a\neq 0,1$ 时,直线 $ax+y=1$ 与圆 $x^2+y^2=1$ 有一个不同于 $(0,1)$,$(1,0)$ 的交点,则 $|(A\cup B)\cap C|\geq 3$.

综上可知,$a=0,1$.

(2)由(1)知此时 $a\neq 0,1$,而且直线 $ax+y=1$ 与圆 $x^2+y^2=1$ 的另一个交点也是 $x+ay=1$ 与圆 $x^2+y^2=1$ 的另一个交点,即这点是直线 $ax+y=1$ 与 $x+ay=1$ 的交点,从而 $x=y=\dfrac{1}{a+1}$,代入 $x^2+y^2=1$,解得 $x=y=\pm\dfrac{\sqrt{2}}{2}$.

得 $a=-1\pm\sqrt{2}$.

36.【证明】一方面,$A\cap B=A\cap X\subseteq X$,另一方面,$X\subseteq A\cup B\cup X=A\cup B$,故对 X 中的任意元素 x,都有 $x\in A\cup B$,即 $x\in A$ 或 $x\in B$.

若 $x\in A$,则 $x\in A\cap X=A\cap B$;若 $x\in B$,则 $x\in B\cap X=A\cap B$,所以总有 $x\in A\cap B$,从而 $X\subseteq A\cap B$.

综合以上两方面得 $X=A\cap B$.

37.【证明】对 n 用数学归纳法.

当 $n=2$ 时,只有 3 个不同的非空子集 $\{1\}$,$\{2\}$,$\{1,2\}$,满足 $\{1\}\cup\{2\}=\{1,2\}$.

对 $n\geq 3$,选取 2^n+1 个 $\{1,2,\cdots,n+1\}$ 的不同的非空子集,若这些子集中至少有 $2^{n-1}+1$ 个子集不含 $n+1$,则由归纳假设可知结论成立;若至少有 $2^{n-1}+2$ 个子集包含 $n+1$,将 $n+1$ 去掉,则余下至少 $2^{n-1}+1$ 个含 $n+1$ 的不同的非空子集(因为最多有一个子集是 $\{n+1\}$).由归纳假设,去掉元素 $n+1$,可知存在 $\{1,2,\cdots,n\}$ 的 3 个子集 A'_i,A'_j,A'_k 满足 $A'_i\cup A'_j=A'_k$.设 $A_i=A'_i\cup\{n+1\}$,$A_j=A'_j\cup\{n+1\}$,$A_k=A'_k\cup\{n+1\}$.则 $A_i\cup A_j=A_k$.

最后剩下的一种情形是恰有 2^{n-1} 个子集不包含 $n+1$,恰有 2^{n-1} 个子集包含 $n+1$ 且每个子集还包含其他元素,此外还有 $\{n+1\}$(恰有 $2^{n-1}+1$ 个子集包含 $n+1$ 且每个子集还包含其他元素的情

形,当去掉 $n+1$ 时,仍有 $2^{n-1}+1$ 个不同的非空子集,可用前面的方法证明).去掉 $n+1$,共有 2^n 个 $\{1,2,\cdots,n\}$ 不同的非空子集,于是,一定存在 2 个非空子集相同(设其为 A).则在包含 $n+1$ 的子集中存在 $B=A\cup\{n+1\}$.

从而,结论成立.

38.(1)$M(\alpha,\alpha)=2$ $M(\alpha,\beta)=1$ (2)4 (3)见解析

【解析】(1)因为 $\alpha=(1,1,0)$,$\beta=(0,1,1)$,所以

$M(\alpha,\alpha)=\dfrac{1}{2}[(1+1-|1-1|)+(1+1-|1-1|)+(0+0)-|0-0|)]=2$,

$M(\alpha,\beta)=\dfrac{1}{2}[(1+0-|1-0|)+(1+1-|1-1|)+(0+1-|0-1|)]=1$.

(2)设 $\alpha=(x_1,x_2,x_3,x_4)\in B$,

则 $M(\alpha,\alpha)=x_1+x_2+x_3+x_4$.

由题意知 $x_1,x_2,x_3,x_4\in\{0,1\}$,且 $M(\alpha,\alpha)$ 为奇数,所以 x_1,x_2,x_3,x_4 中 1 的个数为 1 或 3.

所以 $B\subseteq\{(1,0,0,0),(0,1,0,0),(0,0,1,0),(0,0,0,1),(0,1,1,1),(1,0,1,1),(1,1,0,1),(1,1,1,0)\}$.

将上述集合中的元素分成如下四组:

$(1,0,0,0),(1,1,1,0)$;$(0,1,0,0),(1,1,0,1)$;$(0,0,1,0),(1,0,1,1)$;$(0,0,0,1),(0,1,1,1)$.

经验证,对于每组中的两个元素 α,β,均有 $M(\alpha,\beta)=1$.所以每组中的两个元素不可能同时是集合 B 的元素.所以集合 B 中元素的个数不超过 4.

又集合 $\{(1,0,0,0),(0,1,0,0),(0,0,1,0),(0,0,0,1)\}$ 满足条件,所以集合 B 中元素个数的最大值为 4.

(3)设 $S_k=\{(x_1,x_2,\cdots,x_n)\mid(x_1,x_2,\cdots,x_n)\in A,x_k=1,x_1=x_2=\cdots=x_{k-1}=0\}(k=1,2,\cdots,n)$,

$S_{n+1}=\{(x_1,x_2,\cdots,x_n)\mid x_1=x_2=\cdots=x_n=0\}$,

则 $A=S_1\cup S_2\cup\cdots\cup S_{n+1}$.

对于 $S_k(k=1,2,\cdots,n-1)$ 中的不同元素 α,β,经验证,$M(\alpha,\beta)\geq 1$.

所以 $S_k(k=1,2,\cdots,n-1)$ 中的两个元素不可能同时是集合 B 的元素.

所以 B 中元素的个数不超过 $n+1$.

取 $e_k=(x_1,x_2,\cdots,x_n)\in S_k$ 且 $x_{k+1}=\cdots=x_n=0$ $(k=1,2,\cdots,n-1)$.

令 $B=\{e_1,\cdots,e_{n-1}\}\cup S_n\cup S_{n+1}$,则集合 B 的元素个数为 $n+1$,且满足条件.

故 B 是一个满足条件且元素个数最多的集合.

注:第(3)问在几何观点下即为 $\mathbf{R}^n$ 中的一些向量相互正交,容易知道其必须线性无关,加上零向量,即最多有 $n+1$ 个.(例如,在平面上最多有 2 个起点相同的非零向量垂直)

39. 200 【解析】记 $A=\{a_1,a_2,\cdots,a_{20}\}$,$B=\{b_1,b_2,\cdots,b_{16}\}$,设 $C_j=\{a_i+b_j\mid i=1,2,\cdots,20\}$,则可知

$$A+B=\bigcup_{j=1}^{16}C_j.$$

下证 $|C_i\cap C_j|\leqslant 1(i\neq j)$.

假设存在 $|C_i\cap C_j|\geqslant 2(i\neq j)$,则可知存在 k_1,k_2,$l_1,l_2(k_1\neq k_2,l_1\neq l_2)$ 满足 $a_{k_1}+b_i=a_{k_2}+b_j,a_{l_1}+b_i=a_{l_2}+b_j$,整理得 $a_{k_1}+a_{l_2}=a_{l_1}+a_{k_2}$.

而由题意可知 $\{a_{k_1},a_{l_2}\}=\{a_{l_1},a_{k_2}\}$,于是 $k_1=l_1$,$k_2=l_2$,由此可得 $|C_i\cap C_j|=1$,矛盾.

故可知 $|C_i\cap C_j|\leqslant 1(i\neq j)$.

由容斥原理可得

$$|A+B|=\Big|\bigcup_{j=1}^{16}C_j\Big|\geqslant\sum_{j=1}^{16}|C_j|-\sum_{1\leqslant i<j\leqslant 16}|C_i\cap C_j|$$
$$\geqslant 16\times 20-C_{16}^2=200.$$

取 $A=\{2,2^2,\cdots,2^{20}\}$,$B=\{2,2^2,\cdots,2^{16}\}$,容易验证 A 满足题述条件(考虑二进制的唯一表示即可),且 $C_i\cap C_j=\{2^i+2^j\}$,

故可知 $|A+B|=200$ 成立.

综上,最小值为 200.

40. (1)见解析 (2)见解析 (3)10 【解析】(1)首先,我们看到如果 F 能分划成条数小于 n 的若干条互不相交的反链,则最长链中至少存在两个元素在同一个反链中,这与反链的定义矛盾.故 F 能分划成至少 n 条互不相交的反链.

对于集合 $A\in F$,我们定义:若 $A\subseteq A_1\Leftrightarrow A=A_1$,则称其为 F 中的极大元.

下面我们对 n 用数学归纳法证明.若集族 F 的最长链的长度为 n,则 F 能分划成 n 条互不相交的

反链.

当 $n=1$ 时显然成立.

假设当 $n=k-1$ 时结论成立,则当 $n=k$ 时,我们设 $A_1,A_2,\cdots,A_s$ 为 F 中的极大元,容易知道极大链的最大元都是极大元,于是对 $F\backslash\{A_1,A_2,\cdots,A_s\}$,其最长链的长度若不小于 k,则又 F 的最长链长度为 k,故可知其最大元必属于 $\{A_1,A_2,\cdots,A_s\}$,矛盾!故可知最长链的长度为 $k-1$.由归纳假设,$F\backslash\{A_1,A_2,\cdots,A_s\}$ 可分划为 $k-1$ 个不相交的反链,而 $A_1,A_2,\cdots,A_s$ 之间无包含关系(极大元定义),故 $\{A_1,A_2,\cdots,A_s\}$ 为一条反链,故 F 可分划为 k 个不相交的反链,故 $n=k$ 时结论成立.

综上可知得证.

(2)易知若 F 能分划成条数小于 n 的若干条互不相交的链,则最长反链中至少存在两个元素在同一个链中,这与反链的定义矛盾.故 F 能分划成至少 n 条互不相交的链.

借助下图,我们考虑对 $|F|$ 用数学归纳法证明:如果 F 的最长反链的长度为 n,则 F 能分划成 n 条互不相交的链.(这里是对任意的 n 都有成立,而不是一个固定的值)

设最长反链为 $\{A_1,A_2,\cdots,A_n\}$,考虑 $F^*=\{A\mid\exists i,A_i\subseteq A\}$,$F^-=\{A\mid\exists i,A_i\supseteq A\}$.

首先注意到,若存在元素 $x\notin\{A_1,A_2,\cdots,A_n\}$,$x\notin F^*\cup F^-$,则 x 可添加进 $\{A_1,A_2,\cdots,A_n\}$ 中,这与最长反链的定义矛盾!

故可知 $F^*\cup F^-=F$,$F^*\cap F^-=\{A_1,A_2,\cdots,A_n\}$.

对 F^*,由于其为 F 的子集,故可知其最长反链长度不超过 n,又 $\{A_1,A_2,\cdots,A_n\}\subseteq F^*$,故可知其最长反链长为 n.

同理对 F^- 有同样的性质.

若 $F^*\neq F$,$F^-\neq F$,则我们考虑归纳假设,可知 F^*,F^- 可分别划分成 n 条不相交的链,容易知道 $A_1,A_2,\cdots,A_n$ 分别为划分的 n 条不相交的链的最小元和最大元,于是将 F^*,F^- 对应的 n 条链拼起来,即可得到 F 的 n 条不相交的链.

若存在 $F^*=F$ 或 $F^-=F$,不妨设 $F^-=F$,则我们看

到一条极大链的最大元为极大元,于是又由 F^- 的定义可知其必须属于 $\{A_1,A_2,\cdots,A_n\}$,故可知对 F 中的最长链 C,存在 $A_i\in C$,则对 $F\backslash C$,其最多只能分划成 $n-1$ 条不相交的链,又其有一个长为 $n-1$ 的反链,故由数学归纳法可知 $F\backslash C$ 可分划成 $n-1$ 条不相交的链,于是 F 可分划成 n 条不相交的链.

综上可知得证.

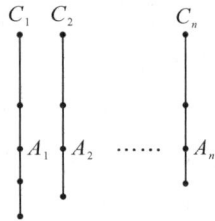

第 40 题图

(3)我们只需要求 S 的所有子集组成的集合 F 的最大反链长度即可.由(2)可知只需要求 F 能分划成不相交的链的条数即可.

$\{1\}-\{1,2\}-\{1,2,3\}-\{1,2,3,4\}-\{1,2,3,4,5\}$
$\{2\}-\{2,3\}-\{2,3,4\}-\{2,3,4,5\}$
$\{3\}-\{3,4\}-\{3,4,5\}-\{3,4,5,1\}$
$\{4\}-\{4,5\}-\{4,5,1\}-\{4,5,1,2\}$
$\{5\}-\{5,1\}-\{5,1,2\}-\{5,1,2,3\}$
$\{1,3\}-\{1,3,4\},\{1,4\}-\{1,2,4\},$
$\{2,4\}-\{2,4,5\},\{2,5\}-\{2,3,5\},$
$\{3,5\}-\{1,3,5\}$

我们将 F 分划为了 10 条链,可知 F 的最大反链的长度为 10,例如,取所有二元子集即可.

注:本题是对偏序关系的讨论,我们在这里选取的是一个常见的偏序关系,即集合的包含关系.本题中的第(1)(2)问都可以在一般的偏序关系上证明.(2)并不是一个容易的证明,细节较多.(3)是对 Sperner 定理的一个特殊情形的讨论,一般的 Sperner 定理为对 n 元集合 A,设 S 为其一些子集组成的集合,满足任意两个不同元素无包含关系,则 $|C|$ 的最大值为 $C_n^{[n/2]}$.

一般情形的证明与第(3)问类似,k 元子集构成的集合和 $k+1$ 元子集构成的集合很容易验证其满足 Hall 条件,由 Hall 定理可得到它们的一个匹配,由此即可构造链.

第3章　简易逻辑

1. C 【解析】由命题"$\exists x_0\in\mathbf{R}$,使得 $x_0^2+mx_0+2m+5<0$"为假命题,可得其否命题"$\forall x\in\mathbf{R}$,使得 $x^2+mx+2m+5\geqslant 0$"为真命题,于是 $\Delta=m^2-4(2m+5)\leqslant 0\Rightarrow-2\leqslant m\leqslant 10$.

> **点评**:已知命题为假命题,则其否命题为真命题,故将该题转化为恒成立问题处理.

2. A 【解析】若 p 为真,则 $x^2-a\geqslant 0$ 对任意 $x\in[1,2]$ 恒成立,则 $a\leqslant 1$;若 q 为真,则 $x^2+2ax+2-a=0$ 有实根,则 $\Delta=4a^2-4(2-a)\geqslant 0\Rightarrow a\geqslant 1$ 或 $a\leqslant-2$.命题"p 且 q"是真命题,则 p,q 均为真,故 $a\leqslant-2$ 或 $a=1$.

3. B 【解析】$A=\{x\mid 2^x>1\}=(0,+\infty)$,$B=\{x\mid\lg x>0\}=(1,+\infty)$,由 $x\in A$ 不能推出 $x\in B$,但 $x\in B$ 能推出 $x\in A$,故"$x\in A$"是"$x\in B$"的必要不充分条件.

4. A 【解析】①正确;②错误,例如,$2,-4,8$ 为一个反例;③错误,"$m=0,-1$"是"直线 $mx+(2m-1)y+1=0$ 和直线 $3x+my+2=0$ 垂直"是充要条件;④错误,"复数 $z=a+bi(a,b\in\mathbf{R})$ 是纯虚数"的充要条件是"$a=0,b\neq 0$".

5. $(-\infty,4]$ 【解析】由题意,若 p 为真,则有 $m\geqslant-\left(x+\dfrac{1}{x}\right)$ 对 $x\in(0,+\infty)$ 恒成立,

由 $x+\dfrac{1}{x}$ 的最小值为 2,得 $m\geqslant-2$.

若 q 为真,则有 $m^2>2m+8>0$,即 $-4<m<-2$ 或 $m>4$.

考虑否命题,若 p,q 均为真,则 $m>4$,于是命题"p 且 q"为假的实数 m 的取值范围是 $(-\infty,4]$.

6. (1)$[2,3]$　(2)$(1,2)$ 【解析】(1)由 $x^2-4ax+3a^2<0\Rightarrow a<x<3a$,当 $a=1$ 时,为 $1<x<3$,又 $x^2-5x+6\leqslant 0$ 的解集为 $[2,3]$,故"$p\wedge q$"为真时取值范围为 $[2,3]$.

(2)$A=(a,3a)$,$B=[2,3]$,p 是 q 成立的必要不充分条件,则 $B\subsetneq A$,于是

$$\begin{cases}0<a<2,\\3<3a\end{cases}\Rightarrow 1<a<2.$$

7. $\left[-\dfrac{1}{2},0\right]$ 【解析】由 $|4x-1|\leqslant 1$ 得，$-1\leqslant 4x-1\leqslant 1$，

故 $0\leqslant x\leqslant \dfrac{1}{2}$.

由 $x^2-(2a+1)x+a(a+1)\leqslant 0$

$\Leftrightarrow (x-a)[x-(a+1)]\leqslant 0$

$\Leftrightarrow a\leqslant x\leqslant a+1$.

若 ¬p 是 ¬q 的必要而不充分条件，则 q 是 p 必要不充分条件，即

$$\left[0,\dfrac{1}{2}\right]\subset [a,a+1]\Rightarrow\begin{cases}a\leqslant 0,\\a+1\geqslant\dfrac{1}{2}\end{cases}\Rightarrow-\dfrac{1}{2}\leqslant a\leqslant 0,$$

故所求 a 的取值范围是 $\left[-\dfrac{1}{2},0\right]$.（这里不会出现区间相同的情况，因此此边界是可以取到的）

8. $2\leqslant m<15$ 【解析】若命题 p 为真命题，则由 $(x-m)^2+y^2=2m-m^2$，可知 $m^2-2m<0$，解得 $0<m<2$.若命题 q 为真命题，则 $e^2=\dfrac{5+m}{5}\in(1,4)$，解得 $0<m<15$.

因为命题 "$p\land q$" 为假命题，"$p\lor q$" 为真命题，所以 p,q 中一真一假，

若 p 真 q 假，则 $m\in\varnothing$；若 p 假 q 真，则 $2\leqslant m<15$，所以实数 m 的取值范围为 $2\leqslant m<15$.

9. D 【解析】易知 $A=\{x|-1<x<1\}$，$B=\{x|-a+b<x<a+b\}$.若 "$a=1$" 是 "$A\cap B\neq\varnothing$" 的充分条件，则 $\begin{cases}-1+b<1,\\b+1>-1,\end{cases}$ 解得 $-2<b<2$.

10. $-3<a<-2$ 或 $a>1$ 【解析】$x\otimes(1-a)x=(1-a)(1-x)x$，于是 p 为真命题时，$\begin{cases}a\leqslant 1,\\\dfrac{1}{4}(1-a)<1\end{cases}\Rightarrow-3<a\leqslant 1.$

又 $\dfrac{x^2+ax+6}{x+1}\geqslant 2\Rightarrow a\geqslant 2-\left(\dfrac{4}{x}+x\right),x\in\mathbf{N}^*$，当 $x=2$ 时，$x+\dfrac{4}{x}$ 取得最小值4，故可知 q 为真命题时，$a\geqslant-2$.

由题意可知 p,q 一真一假，

于是可得 $-3<a<-2$ 或 $a>1$.

11. $\forall x\in\mathbf{Z},x^2+2x+m>0$ 【解析】对存在性命题的否定，要将量词变为"任意"，语句对应变化 $x^2+2x+m\leqslant 0\to x^2+2x+m>0$，但 x 所在集合不变。所以变化后的命题为"$\forall x\in\mathbf{Z},x^2+2x+m>0$."

12. 充分不必要 【解析】考虑利用集合求解.分别解不等式得到对应集合，$|x-3|<1\Rightarrow-1<x-3<1$，解得 $2<x<4$，即 $p=\{x|2<x<4\}$；$x^2+x-6>0\Rightarrow x<-3$ 或 $x>2$，即 $q=\{x|x<-3$ 或 $x>2\}$.可知 p 是 q 的充分不必要条件.

13. 充分不必要 【解析】先解出两个解集。$A=(-1,1)$，B 的解集与 a 的取值有关：若 $a\leqslant 0$，则 $B=\varnothing$；若 $a>0$，则 $B=(1-a,1+a)$.

观察条件，若 $a=1$，则 $B=(0,2)$，所以 $A\cap B\neq\varnothing$ 成立；若 $A\cap B\neq\varnothing$，则通过数轴观察区间可得 a 有多个取值 $\left($比如 $a=\dfrac{1}{2}\right)$，所以 "$a=1$" 是 "$A\cap B\neq\varnothing$" 的充分不必要条件.

14. 充分不必要 【解析】$f'(x)=3x^2+4x+m=3\left(x+\dfrac{2}{3}\right)^2+m-\dfrac{4}{3}$，于是 $f'(x)\geqslant 0$ 在 $x\in[-1,1]$ 上恒成立，故可知 $m\geqslant\dfrac{4}{3}$.

可知 p 是 q 的充分不必要条件.

15. $A\cup B=\mathbf{R}$ 且 $A\cap B=\varnothing$ 【解析】对任意 $x\in\mathbf{R}$，一方面，$f_A(x)+f_B(x)=1\Rightarrow x\in A\cup B,x\notin A\cap B$，可知 $A\cup B=\mathbf{R},A\cap B=\varnothing$；

另一方面，若 $A\cup B=\mathbf{R},A\cap B=\varnothing$，则对任意 x，要么 $f_A(x)=1$，要么 $f_B(x)=1$.故成立.

16. ①③④ 【解析】①正确；②错误，$m=-2$ 时两直线垂直；③正确，令 $x=0$，则 $y_1y_2=F$，同理有 $x_1x_2=F$，故 $x_1x_2-y_1y_2=0$；④正确，因为 $|x+1|+|x-3|\geqslant 4$，且当 $-1\leqslant x\leqslant 3$ 时等号成立，故 $m\leqslant 4$.

17. $(-2,0)$ 【解析】由 "$x\in A$" 是 "$x\in B$" 的充分不必要条件，可知 $A\subsetneqq B$，因此 $a>-2$ 且 $a+2<2$，得 a 的解集为 $(-2,0)$.

18. $[0,1)$ 【解析】命题 p 是假命题，即对于 $\forall x\in\mathbf{R}$，$ax^2+2ax+1>0$.

当 $a=0$ 时，显然成立；

当 $a \neq 0$ 时,有 $\begin{cases} a > 0, \\ \Delta < 0 \end{cases} \Rightarrow 0 < a < 1.$

综上可知,$a \in [0, 1)$.

19. 1 【解析】由题意得命题"$\forall x \in \mathbf{R}, x^2 + 2x + m > 0$"是真命题,所以 $\Delta = 4 - 4m < 0$,即 $m > 1$,故实数 m 的取值范围是 $(1, +\infty)$,从而实数 $a = 1$.

20. $\frac{1}{4} \leqslant m \leqslant \frac{4}{3}$ 【解析】因为不等式 $\frac{x - m + 1}{x - 2m} < 0$ 成立的充分不必要条件是 $\frac{1}{3} < x < \frac{1}{2}$,所以 $\left\{ x \mid \frac{1}{3} < x < \frac{1}{2} \right\} \subset \left\{ x \mid \frac{x - m + 1}{x - 2m} < 0 \right\}$.

当 $m - 1 < 2m$,即 $m > -1$ 时,不等式 $\frac{x - m + 1}{x - 2m} < 0$ 的解集为 $\{x \mid m - 1 < x < 2m\}$,由 $\left(\frac{1}{3}, \frac{1}{2}\right) \subset$

$(m-1, 2m)$ 得 $\begin{cases} m - 1 \leqslant \frac{1}{3}, \\ 2m \geqslant \frac{1}{2}, \\ m > -1, \end{cases}$ 解得 $\frac{1}{4} \leqslant m \leqslant \frac{4}{3}$;

当 $m - 1 = 2m$,即 $m = -1$ 时,不等式 $\frac{x - m + 1}{x - 2m} < 0$ 的解集为 $\varnothing$;

当 $m - 1 > 2m$,即 $m < -1$ 时,不等式 $\frac{x - m + 1}{x - 2m} < 0$ 的解集为 $\{x \mid 2m < x < m - 1\}$,由 $\left(\frac{1}{3}, \frac{1}{2}\right) \subset$

$(2m, m-1)$ 得 $\begin{cases} 2m \leqslant \frac{1}{3}, \\ m - 1 \geqslant \frac{1}{2}, \\ m < -1, \end{cases}$ 此时 m 无解.

综上,m 的取值范围为 $\frac{1}{4} \leqslant m \leqslant \frac{4}{3}$.

21. 2 【解析】①要判断 $p \lor q$ 的真假,需要先判断 p, q 各自的真假情况,$\neg q$ 为假命题,则 q 为真命题,所以 p, q 一假一真,"$p \lor q$"为真命题,①错误.②③正确.

22. 充分必要 【解析】三角形内心与外心重合 $\Leftrightarrow$ 中垂线与角平分线重合 $\Leftrightarrow$ 三边长相等 $\Leftrightarrow$ 三角形为正三角形.

23. 充分不必要 【解析】一方面,当 $\triangle ABC$ 为锐角三

角形时,$A + B > \frac{\pi}{2}$,于是 $\sin B > \sin\left(\frac{\pi}{2} - A\right) = \cos A$;类似可得 $\sin C > \cos B$,$\sin A > \cos C$,相加即得 $\sin A + \sin B + \sin C > \cos A + \cos B + \cos C$.

另一方面,当我们取 $A = \frac{\pi}{2}$,$B = C = \frac{\pi}{4}$ 时,有 $\sin A + \sin B + \sin C > \cos A + \cos B + \cos C$,但其不为锐角三角形.

24. 充分不必要 【解析】一方面,若 $a_1, a_2, \cdots, a_n$ 为等比数列,则 $a_k = a_1 q^{k-1}$,代入可知满足命题 q.另一方面,$a_1, a_2, \cdots, a_n$ 全为 0 时满足命题 q,但不满足命题 p.

25. 充分必要 【解析】由 $\tan A + \tan B + \tan C = \tan A \cdot \tan B \tan C > 0$ 即可知答案.

26. 充分不必要 【解析】当 $ax^2 + bx + c \geqslant 0$ 与 $Ax^2 + Bx + C \geqslant 0$ 解集相同时,其根相同,于是 $x_1 + x_2 = -\frac{b}{a} = -\frac{B}{A}$,$x_1 x_2 = -\frac{c}{a} = -\frac{C}{A}$,于是可知 $\frac{a}{A} = \frac{b}{B} = \frac{c}{C}$;当 $a = b = c = 1$,$A = B = C = -1$ 时,$ax^2 + bx + c \geqslant 0$ 的解集为全集,$Ax^2 + Bx + C \geqslant 0$ 的解集为空集,故可知解集不同.

27. $a \geqslant 6$ 或 $-2 < a \leqslant 0$ 【解析】当命题 p 为真命题时,$\Delta = a^2 - 4a - 12 \geqslant 0 \Rightarrow a \geqslant 6$ 或 $a \leqslant -2$.

当命题 q 为真命题时,$a < \left(\frac{1}{2^x} + \frac{1}{2}\right)^2 - \frac{1}{4}$,$\forall x \geqslant 1 \Rightarrow a \leqslant 0$.

由题意可知 p, q 一真一假,

故有 $a \geqslant 6$ 或 $-2 < a \leqslant 0$.

28. $a > 6$ 【解析】依题意,p 的解为 $-1 \leqslant x \leqslant 7$,因为 $a > 0$,所以 q 的解为 $1 - a < x < 1 + a$.

因为 $\neg p$ 是 $\neg q$ 的必要不充分条件,

所以 $p \Rightarrow q$,$q \nRightarrow p$,所以 $\begin{cases} 1 - a < -1, \\ 7 < 1 + a, \end{cases}$

所以 $a > 6$.

29. $[-2, -1] \cup (2, 6)$ 【解析】由函数 $f(x) = \lg(x^2 - 4x + a^2)$ 的定义域为 $\mathbf{R}$,可知 $x^2 - 4x + a^2 > 0 \Rightarrow a^2 > 4 \Rightarrow a > 2$ 或 $a < -2$.

由 $a^2 - 5a - 3 \geqslant \sqrt{m^2 + 8}$ 对任意 $m \in [-1, 1]$ 成

立,可知 $a^2-5a-3\geqslant3\Rightarrow a\geqslant6$ 或 $a\leqslant-1$.

由命题"$p\vee q$"为真命题,且"$p\wedge q$"为假命题,可知 p,q 一真一假,

故 a 的取值范围为 $[-2,-1]\cup(2,6)$.

30.【解析】我们只需反过来说即可.

存在 $\varepsilon>0$,使得对任意 $N\in\mathbf{N}^*$,存在 $n_0\geqslant N$,有 $|a_{n_0}-a|\geqslant\varepsilon$.

第4章 集合的阶与组合计数

1. 66 【解析】首先考虑构造两个子集.我们很容易知道 $A\subseteq\{1,2,\cdots,49\}$,$B$ 中 50 至 100 的偶数可以任意选取,于是 B 中至少已有 26 个元素,这 26 个元素对应的 $24,\cdots,49$ 虽然必须在 A 中,而我们要使 B 中的元素更多,只能考虑从小元素找起,可以看到 $\{1,4,10,22\},\{2,6,14\},\{3,8,18\},\{5,12\},\{7,16\},\{9,20\}$ 是我们要考虑的,A 在这些组中至多能选择 $2+1+1+1+1+1=7$ 个元素,故此时 $|B|=33$.

考虑 $\{1,4,10,22,46\},\{2,6,14,30\},\{3,8,18,38\},\{5,12,26\},\{7,16,34\},\{9,20,42\},\{11,24\},\cdots,\{23,48\},\{25\},\{27\},\cdots,\{49\}$.

在这些分组中,要使对任意 $n\in A,2n+2\notin A$,至多只能选择 $3+2\times2+2\times3+1\times7+13=33$ 个元素.

故可知 $|A|\leqslant33$.

综上,$A\cup B$ 的最大值为 66.

2. $2n-3$ 【解析】不妨设 $x_i=x_1+(i-1)d$,则可知 $x_i+x_j=2x_1+(i+j-2)d$. 又 $1\leqslant i+j-2\leqslant2n-3$,故可知 $|P(X)|=2n-3$.

3. $\left[\dfrac{1}{4}n^2\right]$ 【解析】解法一:易知公差 $1\leqslant d\leqslant n-1$.

(1)设 $n=2k$.当 $d=1$ 或 $d=n-1$ 时,这样的 A 只有 1 个;当 $d=2$ 或 $d=n-2$ 时,这样的数列只有 2 个;当 $d=3$ 或 $d=n-3$ 时,这样的数列只有 3 个;…;当 $d=k-1$ 或 $k+1$ 时,这样的数列有 $k-1$ 个;当 $d=k$ 时,这样的数列有 k 个.

于是这样的数列共有 $(1+2+\cdots+k)\times2-k=k^2=\dfrac{1}{4}n^2$ 个.

(2)设 $n=2k+1$,此时符合题意的数列有 $(1+2+\cdots+k)\times2=k(k+1)=\dfrac{1}{4}(n^2-1)$ 个.

两种情况可以合并为:这样的 A 共有 $\dfrac{n^2}{4}-\dfrac{1+(-1)^{n-1}}{8}$ 个 $\left(\text{或}\left[\dfrac{1}{4}n^2\right]\text{个}\right)$.

解法二:对于 $k=\left[\dfrac{n}{2}\right]$,符合题意的数列 A 必有连续 2 项,一项在 $\{1,2,\cdots,k\}$ 中,一项在 $\{k+1,k+2,\cdots,n\}$ 中,反之,在此两集合中各取一数,可以其差为公差构成一个 A,于是我们只需计算 $\{i,j\}(i\in\{1,\cdots,k\},j\in\{k+1,\cdots,n\})$ 的个数.

当 $n=2k$ 时,这样的 A 的个数为 $k^2=\dfrac{1}{4}n^2$ 个;

当 $n=2k+1$ 时,这样的 A 的个数为 $k(k+1)=\dfrac{1}{4}(n^2-1)$ 个.

故这样的数列有 $\left[\dfrac{1}{4}n^2\right]$ 个.

4. 6050 【解析】当 A 只含 1 个元素时,有 $C_8^1(2^7-1)=1016$ 对.

当 A 含有 2 个元素时,有 $C_8^2(2^6-1)=1764$ 对.

当 A 含有 3 个元素时,有 $C_8^3(2^5-1)=1736$ 对.

当 A 含有 4 个元素时,有 $C_8^4(2^4-1)=1050$ 对.

当 A 含有 5 个元素时,有 $C_8^5(2^3-1)=392$ 对.

当 A 含有 6 个元素时,有 $C_8^6(2^2-1)=84$ 对.

当 A 含有 7 个元素时,有 $C_8^7=8$ 对.

所以,集合 I 的"隔离集合对"的对数为 $1016+1764+1736+1050+392+84+8=6050$.

5. 111 【解析】我们先考虑 $A\cup B\cup C$ 的元素个数.对于给定的 $A\cup B\cup C$,设其有 k 个元素,将其元素从小到大排成一行,则这 k 个元素之间有 $k-1$ 个空隙,我们在这些空隙间放入 2 个隔板(一个空隙至多放 1 个隔板),就可以得到对应的 A,B,C,易知一共有 C_{k-1}^2 种放法,故总组数为 $\displaystyle\sum_{k=3}^6 C_{k-1}^2\cdot C_6^k=111$.

6.【分析】我们可以先考虑一个粗略的估计.不妨设 $S=\{x_1,x_2,\cdots,x_n\},x_1<x_2<\cdots<x_n$,可以看到对于不同的下标组 $\{i_1,i_2,\cdots,i_k\},\{j_1,j_2,\cdots,j_k\}$,如

果 $i_t \leqslant j_t(t=1,2,\cdots,k)$，那么肯定有 $x_{i_1}+\cdots+x_{i_k}$ $\neq x_{j_1}+\cdots+x_{j_k}$. 由此，只需要估计这样的下标组的组数即可.

【证明】不妨设 $S=\{x_1,x_2,\cdots,x_n\}$，$x_1<x_2<\cdots<x_n$，记 $\{i_1,i_2,\cdots,i_k\}<\{j_1,j_2,\cdots,j_k\}$，如果 $i_t\leqslant j_t(t=1,2,\cdots,k)$，容易证明：

$\{1,n-k+2,\cdots,n\}<\cdots<\{n-k+1,n-k+2,\cdots,n\}$；

$\{1,2,n-k+3,\cdots,n\}<\cdots<\{1,n-k+2,n-k+3,\cdots,n\}$；

$\cdots\cdots\cdots$

$\{1,2,\cdots,k\}<\cdots<\{1,2,\cdots,k-1,n\}$.

我们得到了一个有 $(n-k+1)k-(k-1)=(n-k)k+1$ 个元素的链，故可知命题得证.

注：实际上由等差数列即可知等号成立.

7. 167 【分析】令 $4k+1=3m-1$，得 $m=\dfrac{4k+2}{3}=k+1+\dfrac{k-1}{3}$，因 $m\in\mathbf{Z}$，所以 $3|k-1$. 令 $k-1=3r$，$r\in\mathbf{Z}$，得 $m=4r+2$. 这时 $b=12r+5$，故 $A\bigcap B$ 的元素是形如 $12r+5$ 的整数.

【解析】形如 $4k+1$ 的数可分为三类：$12l+1$，$12l+5$，$12l+9(l\in\mathbf{Z})$. 其中只有形如 $12l+5$ 的数是形如 $3k-1$ 的数. 令 $1\leqslant 12l+5\leqslant 2000(l\in\mathbf{Z})$，得 $0\leqslant l\leqslant 166$. 所以 $A\bigcap B=\{5,17,\cdots,1997\}$. 故 $|A\bigcap B|=167$.

注：采用列举集合的全部元素的办法来求其元素的数目，对于一些较为复杂的集合，这种方法是很难奏效的，这时必须另辟蹊径.

8. $7^n-2\times 6^n+5^n$ 【解析】由 $A\bigcap B\bigcap C=\varnothing$，设 $U=\{1,2,\cdots,n\}$，考虑 $A\backslash(B\bigcup C)$，$B\backslash(A\bigcup C)$，$C\backslash(A\bigcup B)$，$A\bigcap C$，$A\bigcap B$，$C\bigcap B$，$\complement_U(A\bigcup B\bigcup C)$.

因为集合 $\{1,2,\cdots,n\}$ 的每一个元素均可以放到这 7 个子集的任一个中，所以有 7^n 种这样的分划.

但子集 $A\bigcap B$ 或 $A\bigcap C$ 为空集的分划不满足题设条件，故应将其减去.

因为此时集合 $\{1,2,\cdots,n\}$ 的元素被分到 6 个子集中，所以 $A\bigcap B$ 或 $A\bigcap C$ 为空集的分划有 6^n 种，因此，应从所有有序分划中减去 2×6^n.

在上面的计算中，$A\bigcap B$ 和 $A\bigcap C$ 均为空集的有序分划被减去了 2 次.

因为集合 $\{1,2,\cdots,n\}$ 的元素被分到 5 个子集中，所以有 5^n 种这样的分划，从而，需加上 5^n.

综上，共有 $7^n-2\times 6^n+5^n$ 种这样选择子集 A，B，C 的方法.

9. 24 【解析】由条件知，$B\bigcap C=\{2,4,6,\cdots,48\}$，故 $B\bigcap C$ 的元素个数为 24.

10. $2^{90}-1$ 【解析】由已知得 $1\leqslant \lg x<2$，即 $10\leqslant x<100$. 故该集合含有 90 个元素，其真子集有 $2^{90}-1$ 个.

11. 13 【解析】如果值域只为 1 个数，则可知必都映射到 3，此时共 1 种映射.

如果值域为 2 个数，则必须有一个数为 3，若值域为 1,3，则枚举可知为 1,3,3；3,1,1；3,1,3(对应 1,2,3 的像，下同)，一共 3 种映射.

若值域为 2,3，则枚举可知为 2,2,3；2,3,2；3,2,3；3,3,2；3,3,3，一共 5 种映射.

若值域为 1,2,3，则枚举可知为 1,2,3；1,3,2；2,1,3；3,2,1，一共 4 种映射.

综上，一共有 13 种映射.

12. 4 【解析】首先 $\Delta=a^2+56>0$，故可知 $x^2-ax-14=0$ 有 2 个不同的根，故 $n(A)=2$.

于是由 $A*B=1$，可知 $n(B)=1$ 或 3.

由 $|x^2+bx+2014|=2013$，可得 $x^2+bx+1=0$ 或 $x^2+bx+4027=0$.

当 $n(B)=1$ 时，必然是 $x^2+bx+1=0$ 恰有一根(考虑图象)，则 $b=\pm 2$.

当 $n(B)=3$ 时，必然是 $x^2+bx+4027=0$ 恰有一根(考虑图象)，则 $b=\pm 2\sqrt{4027}$.

综上，$n(S)=4$.

13. 1006 【解析】若 a,b,c 既是调和的，又是等差的，则 $\begin{cases}\dfrac{1}{a}+\dfrac{1}{b}=\dfrac{2}{c}，\\ a+c=2b，\end{cases}$ 可得 $a=-2b$，$c=4b$，即"好集"为形如 $\{-2b,b,4b\}(b\neq 0)$ 的集合.

由"好集"是集合 M 的三元子集，知 $-2013\leqslant 4b\leqslant 2013$，$b\in\mathbf{Z}$，且 $b\neq 0$，所以 $-2013\leqslant 4b\leqslant 2013\Rightarrow -503\leqslant b\leqslant 503$，$b\in\mathbf{Z}$，$b\neq 0$，

故符合条件的 b 可取 1006 个值.

14. 6 【解析】因为如果①正确，那么②也正确，所以只有①正确是不可能的。

若只有②正确，①③④都不正确，则符合条件的有序数组为$(2,3,1,4),(3,2,1,4)$。

若只有③正确，①②④都不正确，则符合条件的有序数组为$(3,1,2,4)$。

若只有④正确，①②③都不正确，则符合条件的有序数组为$(2,1,4,3),(3,1,4,2),(4,1,3,2)$。

综上，符合条件的有序数组的组数是6。

15. 42 【解析】先考虑含1的三元集合，则枚举可知有$4+5+3+4+1+3+1+1=22$个。

若不含1，则最小数为2，则可知剩下两个元素为奇数，枚举可知有$2+2+1=5$个三元集。

若最小数为3，则枚举可知有$2+2+2=6$个三元集。

若最小数为4，则枚举可知有3个三元集。

若最小数为5，则$1+2+1=4$个三元集。

若最小数为6，则不存在符合题意的三元集。

若最小数为7，则可知有2个三元集。

若最小数为8,9,10，则均不存在符合题意的三元集。

综上，一共有42个符合题意的三元集。

16. 1870 【解析】因为$1995=15\times133$，故取出所有不是15的倍数的数，共1862个，这些数均符合要求。

在所有15的倍数的数中，15^2的倍数有8个，这些数又可以取出，这样共取出了1870个，即$|A|\geqslant1870$。

又$\{k,15k\}(k=9,10,11,\cdots,133)$中至多选择一个元素，$\{k,15k,225k\}(k=1,2,\cdots,8)$至多选择2个元素，故$|A|\leqslant1995-133+8=1870$。

综上，$|A|=1870$。

17. 190 【解析】每个满足条件的集合A可由其最小元素a与最大元素b唯一确定，其中$a,b\in X,a<b$，这样的(a,b)的取法共$C_{20}^2=190$种，所以这样的集合A的个数为190。

18. 480 【解析】$A\cap B$有15种可能，$B\backslash A$有$2^5=32$种可能，一共有480种可能。

19. 4032 【解析】由已知得$n(n+2m+1)=2^{2016}\cdot5^{2015}$。因为$n,n+2m+1$为一奇一偶，所以$n,n+2m+1$两者之一为$2^{2016},2^{2016}\cdot5,2^{2016}\cdot5^2,\cdots,2^{2016}\cdot5^{2015}$，共有2016种情况，交换顺序后又可得到2016种情况，所以集合A共有4032个元素。

20. 196 【解析】我们看到$A\cup B=U,A\cap B=\{4,5\}$，于是$\{1,2,3\},\{6,7,8\}$必须各选取至少一个元素，$\{4,5\}$可选可不选。

综上，有$(2^3-1)\times(2^3-1)\times4=196$。

21. 4^{2020} 【解析】解法一：考虑一般的n，对固定的A,B,C有$2^{n-|B|}$种选择；而对固定的A,B有$C_{n-|A|}^{|B|-|A|}$种选择；对A，有$C_n^{|A|}$种选择。综上，有

$$\sum_{i=0}^n\sum_{j=i}^n(C_n^i\cdot C_{n-i}^{n-j}\cdot2^{n-j})=\sum_{i=0}^n\sum_{j=0}^{n-i}(C_n^i\cdot C_{n-i}^j\cdot2^j)$$
$$=\sum_{i=0}^nC_n^i\cdot[\sum_{j=0}^{n-i}(C_{n-i}^j\cdot2^j)]=\sum_{i=0}^n(C_n^i\cdot3^{n-i})$$
$$=(1+3)^n=4^n.$$

取$n=2020$即可得答案。

解法二：由如下的Venn图可知每个元素有4个选择，故有4^{2020}种。

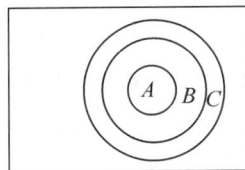
第21题答图

22. 637 【解析】若偶数有i个，则我们只能选择至多i个奇数，于是有$C_5^0+\cdots+C_5^i$种选择，而偶数的选择有C_5^i种，故一共有$\sum_{i=1}^5[C_5^i(C_5^0+\cdots+C_5^i)]=637$。

23. C_{99}^{49} 【解析】不妨设$b_1<b_2<\cdots<b_{50}$，将A中元素$a_1,a_2,\cdots,a_{100}$按顺序分为非空的50组，定义映射$f:A\to B$，使得第i组的元素在f之下的像都是$b_i(i=1,2,\cdots,50)$，易知这样的f满足题设要求，每个这样的分组都一一对应满足条件的映射，于是满足题设要求的映射f的个数与A按下标顺序分为50组的分法数相等，考虑隔板法可知A的分法数为C_{99}^{49}，则这样的映射共有C_{99}^{49}个。

24. 175 【解析】由于 $1+2+\cdots+9=45$，故若某个真子集是"志忐子集"，则其补集也是"志忐子集".

因此，我们只需考虑元素个数小于 4 的"志忐子集"，按关于模 3 的余数将集合 $\{1,2,\cdots,9\}$ 分成三类：$\{3,6,9\}$，$\{1,4,7\}$，$\{2,5,8\}$. 显然，只有 1 个元素的"志忐子集"，共有 3 个；恰有 2 个元素的"志忐子集"，共有 $C_3^2+C_3^1C_3^1$ 个；恰有 3 个元素的"志忐子集"，共有 $3+C_3^1C_3^1C_3^1=30$ 个；对于四元子集，讨论可知有 $(0,0,1,2)$，$(1,1,1,0)$，$(2,2,2,0)$，$(1,1,2,2)$ 这 4 种可能的余数组合，因此，4 个元素的"志忐子集"，共有 $C_3^2C_3^1C_3^1+2C_3^3C_3^1+C_3^2C_3^2=42$ 个. 注意，全集也是"志忐子集"，所以"志忐子集"的个数为 $2\times(3+12+30+42)+1=175$.

25. 552 【解析】首先，若 $a+d=1$，则 $a=0,d=1$ 或 $a=1,d=0$，于是由 $bc\equiv 0\pmod{23}$ 可知必须有一数为 0，那么一共有 45 组，故一共有 90 组.

若 $a+d=24$，则一共有 21 组 (a,d)，由 23 为质数可知 $ad\equiv bc\pmod{23}$，并且对给定的 a,d，对 $b\neq 0$，$bc\equiv ad\pmod{23}$ 只有唯一解 c，故可知对给定的 a,d 有 22 组 (b,c)，

综上，A 中的元素个数有 $90+22\times 21=552$.

26. 26 【解析】首先注意到如果 $f(x)=a$，则 $f(a)=x$，于是对于 $i\in S$，若 $f(i)=i$，则不存在 $f(j)=i(j\neq i)$，若 $f(i)=j(i\neq j)$，则 $f(j)=i$，且 j,i 分别是 $f(x)=i,f(x)=j$ 的唯一解.

若只有 1 个不动点，则 $5\times 3=15$ 种不同的映射时；若有 2 个不动点，则无满足条件的映射；若有 3 个不动点，则有 $C_5^3=10$ 种不同的映射. 若有 4 个不动点，则无满足条件的映射. 若有 5 个不动点，则有 1 种映射.

综上，共有 26 种不同的映射.

27. 288 【解析】易知不存在 $f(x)=3,x\in S$.

设 $\{1,2,\cdots,n\}$ 中，满足 $f(n)=1$ 的映射为 a_n，$f(n)=2$ 的映射为 b_n，$f(n)=4$ 的映射为 c_n，$f(n)=5$ 的映射为 d_n，则有
$$a_{n+1}=c_n+d_n,b_{n+1}=d_n,c_{n+1}=a_n,d_{n+1}=a_n+b_n.$$
设 $S_n=a_n+b_n+c_n+d_n$，

则 $a_{n+1}+d_{n+1}=S_n,b_{n+1}+c_{n+1}=a_n+d_n=S_{n-1}$.

于是 $S_{n+1}=S_n+S_{n-1}$.

又 $a_2=2,b_2=1,c_2=1,d_2=2,S_2=6$，可得 $S_3=10$.

递推即可得 $S_{10}=288$.

28. 351 【解析】对元素 $i,j(i\neq j)$，若 $f(i)=j$，则记为 $i\to j$. 由题意，易知从任何一个元素出发，都会最终回到原点形成一个有向圈. 这个有向圈的长度不超过 3，而且容易知道不存在长为 2 的有向圈，故可知这个有向圈的长度为 1 或 3，长度为 1 的有向圈即为不动点.

若不动点个数为 1，则易知有 C_6^3 个长为 3 的无向圈，$2\times C_6^3$ 个有向圈；

若不动点个数为 4，则有 C_7^4 个长为 3 的无向圈，$2\times C_7^4$ 个有向圈；

若不动点个数为 7，则对应的双射只有 1 种.

综上，满足题意的双射有 $7\times 2\times C_6^3+2\times C_7^4+1=280+70+1=351$ 种.

29. 1 【解析】由题意可得 $x^4+y^4+z^4+1\leq 4xyz$，$x,y,z>0$，而由均值不等式可知
$$x^4+y^4+z^4+1\geq 4xyz,$$
等号成立当且仅当 $x=y=z=1$. 故 $|A|=1$.

30. 9 【解析】首先易知 A 中不存在 2 个不小于 25 的数，故其为有限集. 设 $A=\{x_1,x_2,\cdots,x_n\}$，其中 $x_1<x_2<\cdots<x_n$，则可知 $x_{n-1}<25$.

又 $x_5\geq 5$，则 $\frac{1}{x_5}-\frac{1}{x_6}\geq\frac{1}{25}\Rightarrow x_6\geq 7,\frac{1}{x_6}-\frac{1}{x_7}\geq\frac{1}{25}\Rightarrow x_7\geq 10,\frac{1}{x_7}-\frac{1}{x_8}\geq\frac{1}{25}\Rightarrow x_8\geq 17$.

又 $\frac{1}{x_8}-\frac{1}{x_9}\geq\frac{1}{25}\Rightarrow x_9\geq 54$，

于是可知最大个数为 9.

取 $A=\{1,2,3,4,5,7,10,17,54\}$，可知元素个数为 9 时，能成立. 故 $|A|$ 的最大值为 9.

31. 【证明】考虑 $A=\{(i,j)|a_i>a_j,i<j\}$.

固定 a_i，则有 f_i 个元素满足 $a_j<a_i,j>i$，于是 $|A|=\sum_{k=1}^{n}f_k$.

固定 a_j，则有 g_j 个元素满足 $a_j<a_i,j>i$，故可知 $|A|=\sum_{k=1}^{n}g_k$.

综上得证.

注：算两次的方法.

32. $2024 \cdot (2^{2024n} - 2^{2023n})$ 【解析】易知 $|F| = 2^{2024n}$.

考虑对单个元素 x 的贡献，易知对于 x，有 2^{2023} 个子集不含有该元素，则不含 x 的 $(A_1, A_2, \cdots, A_n)$ 有 2^{2023n} 个，故 x 的贡献为 $2^{2024n} - 2^{2023n}$.

故所求值为 $2024 \cdot (2^{2024n} - 2^{2023n})$.

33.【解析】(1) 设 S 为 S_n 的奇子集.

令 $T = \begin{cases} S \cup \{1\}, & \text{若 } 1 \notin S, \\ S \cap \{1\}, & \text{若 } 1 \in S, \end{cases}$ 则 T 是偶子集.

容易验证这是 $S \rightarrow T$ 的一个双射，

所以 S_n 的奇子集与偶子集个数相等.

(2) 对任一 $i(1 \leqslant i \leqslant n)$，含 i 子集共有 2^{n-1} 个，用第 (1) 问的方法可知当 $i \neq 1$ 时，这 2^{n-1} 个子集中有一半是奇子集；当 $i = 1$ 时，由于 $n \geqslant 3$，将第 (1) 问方法中的 1 换成 3，同样可得其中有一半是奇子集. 于是在计算奇子集容量之和时，元素 i 的贡献是 $2^{n-2}i$，

则奇子集容量之和是 $\sum\limits_{i=1}^{n} 2^{n-2}i = n(n+1) \cdot 2^{n-3}$.

由上可知，这也是偶子集的容量之和，两者相等.

(3) 由第 (2) 问可知，$n \geqslant 3$ 时，S_n 的所有奇子集的容量之和为 $n(n+1) \cdot 2^{n-3}$.

注：一一对应的想法是一个重要的计数方法.

34. 160 【解析】设 a_k 中有 t_k 个数为 $k(k=1,2,3,4,5)$，易知对满足 $a_i = a_j$ 的 (i,j)，其不在 X 中，故可知至少有 $\sum\limits_{k=1}^{5} C_{t_k}^2$ 个有序对 (i,j) 不在 X 中. 又

$$\sum_{k=1}^{5} C_{t_k}^2 = \frac{1}{2}\sum_{k=1}^{5} t_k^2 - 10 \geqslant \frac{1}{10}\left(\sum_{k=1}^{5} t_k\right)^2 - 10 = 30.$$

故 $|X| \leqslant C_{20}^2 - 30 = 160$.

另一方面，取 $a_{4k-3} = a_{4k-2} = a_{4k-1} = a_{4k} = k(k=1, 2,3,4,5)$，$b_i = 6 - a_i(i=1,2,\cdots,20)$，则可知当 $a_i \neq a_j$ 时，$(a_i - a_j)(b_i - b_j) = -(a_i - a_j)^2 < 0$.

一共有 30 组 (i,j) 满足 $a_i = a_j$.

综上，最大值为 160.

35. $2n-1$ 【解析】首先证明 $|X| = 2n-1$ 时满足题目要求. 对于 $B_1, B_2, \cdots, B_n$，易知 $\sum\limits_{i=1}^{n} |B_i| = 2n > 2n-1$，于是可知 $B_1, \cdots, B_n$ 中有重复的元素，于是可以取出 $a_i \in B_i(i=1,2,\cdots,n)$，使其至多只有 $n-1$ 个不同的值，于是我们取 X 的另外 n 个元素，即可得到要求的 Y.

当 $|X| \leqslant 2n-2$ 时，只需考虑 $|X| = 2n-2$ 的情形，不妨设 $X = \{1, 2, \cdots, 2n-2\}$，则取 $\{1,2\}$，$\{3,4\}, \cdots, \{2n-3, 2n-2\}, \{1,3\}$. 易知若 $1 \in Y$，则 $2, 3 \notin Y$，于是 $\{3,4\}, \cdots, \{2n-3, 2n-2\}$ 中每个集合至多选择 1 个元素，故 $|Y| \leqslant n-1$，矛盾！

若 $3 \in Y$，同理可得矛盾.

若 $1, 3 \notin Y$，则 $|Y| \leqslant n-1$，矛盾.

综上，$|X| \nsubseteq 2n-2$ 时不满足题目要求.

故 $|X|$ 的最小值为 $2n-1$.

36. $\dfrac{2^{674} + 2^{2021} - 3}{3}$

【解析】解法一：对 $\{1, 2, \cdots, 3n+2\}$，设其所有元素和为 3 的倍数的非空子集有 a_n 个，元素和模 3 余 1 的子集有 b_n 个，元素和模 3 余 2 的子集有 c_n 个.

我们考虑递推，对元素和为 3 的倍数的子集而言，若其不含 $3n, 3n+1, 3n+2$，则个数为 a_{n-1}；

若含 $3n$ 但不含 $3n+1, 3n+2$，则剩下的元素之和仍为 3 的倍数，个数为 $a_{n-1}+1$；

若含 $3n+1$ 但不含 $3n, 3n+2$，则个数为 c_{n-1}；

若含 $3n+2$ 但不含 $3n, 3n+1$，则个数为 b_{n-1}.

若含 $3n, 3n+1$ 但不含 $3n+2$，则个数为 c_{n-1}；

若含 $3n, 3n+2$ 但不含 $3n+1$，则个数为 b_{n-1}；

若含 $3n+1, 3n+2$ 但不含 $3n$，则个数为 $a_{n-1}+1$；

若含 $3n, 3n+1, 3n+2$，则个数为 $a_{n-1}+1$.

综上 $a_n = 4a_{n-1} + 2b_{n-1} + 2c_{n-1} + 3$.

又 $a_{n-1} + b_{n-1} + c_{n-1} = 2^{3n-1} - 1$，故可知

$a_n = 2a_{n-1} + 2^{3n} + 1$

$\Rightarrow a_n + 1 = 2(a_{n-1}+1) + 2^{3n} \Rightarrow \dfrac{a_n+1}{2^n} = \dfrac{a_{n-1}+1}{2^{n-1}} + 2^{2n}$

$\Rightarrow \dfrac{a_n+1}{2^n} - (a_0+1) = 4^n + \cdots + 4 = \dfrac{4^{n+1}-4}{3}$.

又 $a_0 = 1$，故可知 $\dfrac{a_n+1}{2^n} = \dfrac{4^{n+1}+2}{3}$

$$\Rightarrow a_n = \frac{2^{3n+2}+2^{n+1}-3}{3}.$$

特别地，当 $n=673$ 时，为 $\dfrac{2^{674}+2^{2021}-3}{3}$.

解法二：我们只需考虑 $0,1,2 \pmod 3$ 之间的组合，于是 $\{1,2,\cdots,2021\}$ 的元素和为 3 的倍数的子集的个数与多项式

$$f(x)=(1+1)^{673}(1+x)^{674}(1+x^2)^{674}$$

中所有 3 的倍数的项的系数之和相同．而我们取 $\omega=\mathrm{e}^{\frac{2\pi i}{3}}$，则可得所求式为

$$\frac{1}{3}\left[f(1)+f(\omega)+f(\omega^2)\right]$$
$$=\frac{2^{673}}{3}\left[2^{1348}+2\cdot(1+\omega)^{674}(1+\omega^2)^{674}\right]$$
$$=\frac{2^{673}}{3}\left[2^{1348}+2\cdot(2+\omega+\omega^2)^{674}\right]=\frac{2^{2021}+2^{674}-3}{3}.$$

故满足题意的非空子集的个数为 $\dfrac{2^{2021}+2^{674}-3}{3}$.

注：第一种方法是递推数列的方法，第二种方法是生成函数的方法，都是相当常用的方法.

37. $na_n < 2b_n$ 【解析】记 A_k 为 U_n 的陶模为 0 的 k 元子集组成的集合，B_k 为 U_n 的陶模为 1 的 k 元子集组成的集合．记 $\varepsilon_k=\cos\dfrac{2k\pi}{n}+\mathrm{i}\sin\dfrac{2k\pi}{n}$，则 $1+\varepsilon_1+\varepsilon_2+\cdots+\varepsilon_{n-1}=0$.

于是可知 $|A_1|=|A_{n-1}|=0$，$|A_n|=1$，$|B_1|=|B_{n-1}|=n$，$|B_n|=0$.

对 A_k 中的元素 S，我们通过 S 来构造陶模为 1 的子集.

对 $k=0,1,\cdots,n-1$，若 $\varepsilon_k\in S$，则考虑 $S\backslash\{\varepsilon_k\}$；若 $\varepsilon_k\notin S$，则考虑 $S\cup\{\varepsilon_k\}$．容易知道上述的两种操作都得到了一个陶模为 1 的子集．这样我们就得到了一个 A_k 到 $B_{k-1}\cup B_{k+1}(k=2,\cdots,n-2)$ 的对应.

下面证明上述的对应不会得到重复的元素.

事实上，若 $T\in B_{k-1}$ 是对应重复的元素，则我们知道 $T=S_1\backslash\{\varepsilon_{k_1}\}=S_2\backslash\{\varepsilon_{k_2}\}$，其中 $\varepsilon_{k_1}\in S_1$，$\varepsilon_{k_2}\in S_2$，这显然矛盾！故 B_{k-1} 中没有对应重复的元素.
同理可知 B_{k+1} 中没有对应重复的元素.
综上，$n|A_k|\leqslant|B_{k-1}|+|B_{k+1}|(k=2,\cdots,n-2)$.

于是 $na_n=n|A_2|+\cdots+n|A_{n-2}|+n\leqslant|B_1|+2|B_2|+\cdots+2|B_{n-3}|+|B_{n-2}|+|B_{n-1}|+n<2|B_1|+2|B_2|+\cdots+2|B_{n-3}|+2|B_{n-2}|+2|B_{n-1}|\leqslant 2b_n$.

综上，$na_n<2b_n$.

注：本题是相当漂亮的对应题，但把过程写清楚并不算容易.

38. 2018 【解析】取 $S=\{1,2,\cdots,2018\}$，易知满足题目条件．下证 2018 为最大值.

首先 $0\notin S$．其次若无正整数或负整数，则可知必满足题目条件.

设 $S=\{a_1,a_2,\cdots,a_n\}$．若存在正整数和负整数，考虑 $a_n<\cdots<a_{k+1}<0<a_k<\cdots<a_1$，则有 $-2017\leqslant a_n+a_k<\cdots<a_n+a_1<a_{n-1}+a_1<\cdots<a_{k+1}+a_1\leqslant 2017$.

而我们看到这有 $k+n-k-1=n-1$ 个数，考虑 $-a_n,-a_{n-1},\cdots,-a_1$，由题意，这两组数不存在重复的数，于是可知 $2n-1\leqslant|M|=4037$ $\Rightarrow n\leqslant 2019$.

若 $n=2019$，则可知 $\{a_n+a_k,\cdots,a_n+a_1,a_{n-1}+a_1,\cdots,a_{k+1}+a_1\}\cup\{-a_n,\cdots,-a_1\}=M$，而又 $-2017\leqslant a_n+a_k<a_{k+1}+a_1\leqslant 2017$，故可知 $a_1=2018$，$a_n=-2018$，于是可知对于 l 和 $2018-l$ $(1\leqslant l\leqslant 1009)$，至多有一个在 S 中，则可知 S 中至多有 1009 个正数，同理可知至多有 1009 个负数，故可知 $|S|\leqslant 2018$，矛盾！

综上，$|S|\leqslant 2018$．故 2018 为最大值.

注：用加性组合的估计算法是自然的，我们尽量将范围限制在 M 中，于是考虑正负相加估计．本题涉及的处理手法都相当经典.

第5章　极端原理与容斥原理

1.【证明】设所有的点（有限）构成集合 Ω，集合 A 表示由至少过 Ω 中两点的全体直线构成的集合，记 $B=\{(P,l)|P\in\Omega,l\in A,P\notin l\}$，$d(P,l)$ 表示 P 到直线 l 的距离.

因为 Ω 中的点不全在一直线上，所以 B 非空，又 Ω 是有限集，所以 B 也是有限集，于是可知必存在最小的 $d(P,l)$．取该点线对 (P,l).

设 P 在 l 上的垂足为 P'，若直线 l 过至少三个点，则必有两个点在 PP' 的一侧（允许有一点为垂足），不妨设为 B,C，其中 $|CP'|>|BP'|$．考虑 C，P 连成的直线，易知 $d(B,CP)<d(P,l)$（如答图所示），这与我们的取法矛盾！

综上，直线 l 仅过两点，此即为所求.

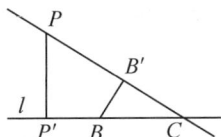
第1题答图

注：1893 年 Sylvester 提出该问题，在提出问题的 40 年后，Gallai 解决了该问题，本文中的证明为 L. M. Kelly 在 1948 年给出的证明.

2.【证明】设第 i 场比赛选手为 (a_i,b_i)，全部比赛对应的选手为 $S=\{(a_i,b_i)|i=1,2,3,\cdots,14\}$．用逐步生成的办法挑选一个最大的子集．先选 (a_1,b_1)，如果 (a_2,b_2) 中的 a_2,b_2 与 a_1,b_1 均不同，则将 (a_2,b_2) 选入．再检验 (a_3,b_3) 是否可以选入，一直持续到选出这样一个最大的子集 $M\subseteq S$，M 中的元素对应的选手均彼此不同，而再添加一对选手时，就有两位选手相同了.

设 M 的元素个数是 r，共 $2r$ 位选手，余下 $20-2r$ 位选手，这 $20-2r$ 位选手中，他们两两之间不能比赛（否则这对选手的比赛将被选入 M，与 M 的最大性矛盾），于是他们只能和 M 间涉及的 $2r$ 位选手比赛，且每人至少上场一次，这样至少有 $20-2r$ 场比赛，再加上 M 中的 r 场比赛，于是 $r+20-2r\leqslant14$ $\Rightarrow r\geqslant6$．由此，命题成立.

3.【证明】假设其存在正整数解，则必然存在使得 z 最小的一组正整数解．首先 $(x,y)=1$，否则可以把最大公约数消去，这与最小性矛盾.

不妨设 x 为奇数，则 y 为偶数，由勾股数的性质可知

$x^2=m^2-n^2,y^2=2mn,z=m^2+n^2$，其中 $(m,n)=1$，又 $x^2\equiv1\pmod 4$，所以 m 为奇数，n 为偶数.

设 $n=2l$，则 $y^2=4ml\Rightarrow\left(\dfrac{y}{2}\right)^2=ml$.

又 $(m,l)=1$，故可知 m,l 为完全平方数，

设 $m=p^2,l=q^2$，于是 $p^4=4q^4+x^2$，

容易知道 $(x,q)=1$，由勾股数的性质可知 $x=a^2-b^2,2q^2=2ab,p^2=a^2+b^2$，其中 $(a,b)=1$，则可知 a,b 为完全平方数.

设 $a=c^2,b=d^2$，于是 $p^2=c^4+d^4$.

易知 $p\leqslant p^2=m\leqslant m^2<z$，这与最小性矛盾！

故可知无正整数解.

注：利用本题的结论很容易得到 $x^4+y^4=z^4$ 不存在正整数解．在本题中我们通过递降的方法得出矛盾，这种方法称为无穷递降法.

4.【证明】对所有满足 $ab+1|a^2+b^2$ 的正整数 a,b，必然存在一组使 $a+b$ 最小的正整数解，设为 (a_0,b_0)．不妨设 $b_0\leqslant a_0$，设 $a_0^2+b_0^2=k(a_0b_0+1)$，则可知 $a_0^2-kb_0a_0+b_0^2-k=0$.

对于 b_0，方程 $a^2-kb_0a+b_0^2-k=0$ 有正整数解 a_0，设该方程另一解为 a_1，则由韦达定理有 $a_1+a_0=kb_0$，$a_1=\dfrac{b_0^2-k}{a_0}$，于是可知 a_1 为整数.

若 k 不为完全平方数，则 $a_1\neq0$；又 $\dfrac{a_1+a_0}{b_0}=k\Rightarrow$

$\dfrac{a_1^2+b_0^2-k}{a_1b_0}=k\Rightarrow\dfrac{a_1^2+b_0^2}{a_1b_0+1}=k$，于是可知 $a_1>0$.

但这就有 $a_1=\dfrac{b_0^2-k}{a_0}<\dfrac{b_0^2}{a_0}\leqslant a_0$，

于是 $a_1+b_0<a_0+b_0$，这与最小性矛盾！

于是 k 为完全平方数．综上可知，结论成立.

注：在这里我们用韦达定理构造了一个更小的数，这种方法叫作"韦达跳跃".

5. 44　【解析】设 $A=\{$数学优秀人数$\}$，$B=\{$物理优秀人数$\}$，$C=\{$化学优秀人数$\}$.

由题意，已知 $|A|=21,|B|=19,|C|=20,|A\cap B|=9,|B\cap C|=7,|C\cap A|=8$.

由容斥原理可得

$|A\cup B\cup C|=|A|+|B|+|C|-|A\cap B|-|B\cap C|-|C\cap A|+|A\cap B\cap C|=39$.

所以这个班的人数为 44.

6. 498　【解析】设 6 个数按任意次序排成一行的八位数集合为 S，由于首位不为 0，故可得 $|S|=5\times5!=600$．设其中出现两次 20 的不同数的集合为

习题精编答案

105

A，则可知 $|A| = \dfrac{1}{2} \times 5! = 60$；又设出现两次 19 的不同数的集合为 B，则可知 $|B| = \dfrac{4 \times 4!}{2} = 48$（0 不作首位）。既有两次 20 又有两次 19 的不同的数的集合为 $A \cap B$，则 $|A \cap B| = C_4^2 = 6$。

由容斥原理可知不同的八位数有 498 个。

> **评析：** 本题是很典型的组合计数问题，涉及到容斥原理、特殊情况和重复元素的计数。

7. $\dfrac{1}{3}$　**【解析】** 在 3 次投掷中，记"至少有一次投掷的点数是偶数"为事件 A，"至少有一次投掷的点数是 7"为事件 B，则所求事件为 $C = A \cap B$，因为 $\overline{C} = \overline{A} \cap \overline{B} = \overline{A} \cup \overline{B}$，所以 $P(\overline{C}) = P(\overline{A}) + P(\overline{B}) - P(\overline{A} \cap \overline{B})$
$= \left(1 - \dfrac{1}{2}\right)^3 + \left(1 - \dfrac{6}{36}\right)^3 - \left(\dfrac{1}{2} - \dfrac{6}{36}\right)^3 = \dfrac{2}{3}$。

故 $P(C) = 1 - \dfrac{2}{3} = \dfrac{1}{3}$。

> **评析：** 概率问题用集合来表示，运用了补集的思想。

8.【分析】 在与 a 合作过的人中我们找到 b。再说明一定存在 c 与 a 和 b 都合作过。最后说明存在 d 与 a, b, c 都合作过，那么 a, b, c, d 就是要找的人了。

【证明】 固定一位数学家 a，不妨设 b 与之合作过。用 A, B 分别表示与 a, b 合作过的所有数学家的集合，那么
$|A \cap B| = |A| + |B| - |A \cup B| \geqslant 1329 + 1329 - 1992 \geqslant 1$。

所以存在 $c \in A \cap B$，即 c 与 a, b 均合作过，设 C 表示与 c 合作过的数学家的集合。

由 $|A \cup B \cup C| = |A| + |B| + |C| - |A \cap B| - |B \cap C| - |A \cap C| + |A \cap B \cap C|$，

结合 $|A \cup B| = |A| + |B| - |A \cap B|$，可得
$|A \cap B \cap C| = |A| + |B| + |C| - |A \cup B| - |B \cup C| - |C \cup A| + |A \cup B \cup C|$
$\geqslant |A| + |B| + |C| - |A \cup B| - |B \cup C|$
$= 1329 \times 3 - 1992 \times 2 = 3$，

所以存在 d 与 a, b, c 都合作过。
综上得证。

9.【证明】 记 $S = \{1, 2, \cdots, n\}$，并设 $A_i = \{a \mid a \in S, p_i \mid a\}$，$i = 1, 2, \cdots, m$，则 $\varphi(n) = |\overline{A_1} \cap \overline{A_2} \cap \cdots \cap \overline{A_m}|$，而 $A_{i_1} \cap A_{i_2} \cap \cdots \cap A_{i_k}$ 表示所有能被 $p_{i_1}, \cdots, p_{i_k}$ 整除的不超过 n 的数的个数，这些数为 $p_{i_1} \cdots p_{i_k}$ 的倍数，共有 $\dfrac{n}{p_{i_1} \cdots p_{i_k}}$ 个。

由逐步淘汰原理可知
$|\overline{A_1} \cap \overline{A_2} \cap \cdots \cap \overline{A_m}| = n - n \sum_{i=1}^{m} \dfrac{1}{p_i} + n \sum_{1 \leqslant i < j \leqslant m} \dfrac{1}{p_i p_j}$
$+ \cdots + n \cdot (-1)^k \sum_{1 \leqslant i_1 < \cdots < i_k \leqslant m} \dfrac{1}{p_{i_1} \cdots p_{i_k}} + \cdots +$
$n \cdot (-1)^m \dfrac{1}{p_1 \cdots p_m} = n \prod_{i=1}^{m} \left(1 - \dfrac{1}{p_i}\right)$。

故得证。

> **注：** 也可以考虑证明对互质的 m, n，有 $\varphi(mn) = \varphi(m) \cdot \varphi(n)$（只需要考虑完全剩余系即可），只需计算素数次幂的欧拉函数即可。

10. $n!\left[1 - \dfrac{1}{1!} + \dfrac{1}{2!} - \dfrac{1}{3!} + \cdots + (-1)^n \dfrac{1}{n!}\right]$　**【解析】**

解法一： 设 S 是所有装法组成的集合，则显然有 $|S| = n!$。我们把所有信分别用 $1, 2, \cdots, n$ 进行编号，并记 $A_i (i = 1, 2, \cdots, n)$ 为第 i 封信恰好装入第 i 个信封的所有装法组成的集合，故所求的方法数为 $|\overline{A_1} \cap \overline{A_2} \cap \cdots \cap \overline{A_n}|$，则易知
$|A_i| = (n-1)!$，$|A_i \cap A_j| = (n-2)!$，
$|A_{i_1} \cap A_{i_2} \cap \cdots \cap A_{i_k}| = (n-k)!$。
又 $|A_1 \cap A_2 \cap \cdots \cap A_n| = 1$，
于是由逐步淘汰原理可知
$|\overline{A_1} \cap \overline{A_2} \cap \cdots \cap \overline{A_n}| = n! - n \cdot (n-1)! + C_n^2 (n-2)!$
$+ \cdots + (-1)^k C_n^k (n-k)! + \cdots + (-1)^n$。

又 $C_n^k (n-k)! = \dfrac{n!}{k!}$，故可得
$|\overline{A_1} \cap \overline{A_2} \cap \cdots \cap \overline{A_n}| = n! \left[1 - \dfrac{1}{1!} + \dfrac{1}{2!} + \cdots + (-1)^n \dfrac{1}{n!}\right]$。

解法二： 当 $n = 1$ 时，全排列只有 1 种，不是错排，$a_1 = 0$；当 $n = 2$ 时，全排列有 2 种，即 1, 2 和 2, 1，后者是错排 $a_2 = 1$；当 $n \geqslant 3$ 时，考虑 n 放在第 k 位，$1 \leqslant k \leqslant n-1$，如果 k 放在第 n 位，则有 a_{n-2}，

如果 k 不在第 n 位,则可知为 a_{n-1},所以

$a_n=(n-1)(a_{n-1}+a_{n-2})$,

则 $a_n-na_{n-1}=-[a_{n-1}-(n-1)a_{n-2}]$

$=(-1)^2[a_{n-2}-(n-2)a_{n-3}]=\cdots$

$=(-1)^{n-2}(a_2-a_1)=(-1)^n$.

两边除以 $n!$ 得到 $\dfrac{a_n}{n!}-\dfrac{a_{n-1}}{(n-1)!}=\dfrac{(-1)^n}{n!}$.

所以 $\dfrac{a_n}{n!}=\dfrac{a_1}{1!}+\sum\limits_{k=2}^{n}\left[\dfrac{a_k}{k!}-\dfrac{a_{k-1}}{(k-1)!}\right]$

$=\dfrac{a_1}{1!}+\sum\limits_{k=2}^{n}\dfrac{(-1)^k}{k!}=\sum\limits_{k=0}^{n}\dfrac{(-1)^k}{k!}$,

所以 $a_n=n!\left[1-\dfrac{1}{1!}+\dfrac{1}{2!}-\dfrac{1}{3!}+\cdots+(-1)^n\dfrac{1}{n!}\right]$.

11. 127 【解析】设方程 $x+y+z+\omega=20$ 的正整数解的集合为 A,则 $|A|=C_{19}^3=969$.考虑它的如下子集:

$A_1=\{(x,y,z,\omega)|(x,y,z,\omega)\in A,x>6\}$,

$A_2=\{(x,y,z,\omega)|(x,y,z,\omega)\in A,y>7\}$,

$A_3=\{(x,y,z,\omega)|(x,y,z,\omega)\in A,z>8\}$,

$A_4=\{(x,y,z,\omega)|(x,y,z,\omega)\in A,\omega>9\}$,

在方程 $x+y+z+\omega=20$ 中,令 $x=x'+6$,则得新方程 $x'+y+z+\omega=14$.

A_1 中的解可确定 $x'+y+z+\omega=14$ 中的解,反之,$x'+y+z+\omega=14$ 中的解也可确定 A_1 中的解,所以 $|A_1|=C_{13}^3=286$.

类似可得 $|A_2|=C_{12}^3=220$,$|A_3|=C_{11}^3=165$,$|A_4|=C_{10}^3=120$.

进一步讨论上面的结论可得

$|A_1\cap A_2|=C_6^3=20$,$|A_1\cap A_3|=C_5^3=10$,$|A_1\cap A_4|=C_4^3=4$,$|A_2\cap A_3|=C_4^3=4$,$|A_3\cap A_4|=C_2^3=0$,

$|A_i\cap A_j\cap A_k|=0(1\leqslant i<j<k\leqslant 4)$,

$|A_1\cap A_2\cap A_3\cap A_4|=0$.

于是满足 $x\leqslant 6,y\leqslant 7,z\leqslant 8,\omega\leqslant 9$ 的不定方程 $x+y+z+\omega=20$ 的正整数解的组数 $n=\left|\bigcup\limits_{i=1}^{4}\overline{A_i}\right|$.

由容斥原理,可得

$n=\left|\bigcup\limits_{i=1}^{4}\overline{A_i}\right|=969-(286+220+165+120)+(20+10+4+4+1+0)=127$.

12. 38 【解析】报数是 4 的倍数的同学有 12 个,报

数是 6 的倍数的同学有 8 个,报数是 12 的倍数的同学有 4 个,所以根据容斥原理得:报数既不是 4 的倍数又不是 6 的倍数的同学有 $50-12-8+4=34$ 个.

报数既是 4 的倍数又是 6 的倍数,即是 12 的倍数同学有 4 个.

所以此时还应有 $34+4=38$ 个同学面向老师.

13. 3337 【解析】先考虑 1 到 60 的整数.

在 1 到 60 的整数中,3 的倍数有 20 个,4 的倍数有 15 个,既是 3 的倍数又是 4 的倍数的数有 5 个,所以划去 3 的倍数和 4 的倍数后还剩 $60-20-15+5=30$ 个.

又因为其中 5 的倍数有 6 个,需要保留,所以划完后剩下 $30+6=36$ 个.

因为 3,4,5 的最小公倍数是 60,所以每 60 个连续整数组成的整数中,划完后均剩下 36 个整数.

因为 $2002=36\times 55+22$,所以第 2002 个整数是第 56 段整数中的第 22 个整数.因为第 1 段整数中的第 22 个整数是 37,所以该序列中第 2002 个数是 $55\times 60+37=3337$.

14. $3^n-3\times 2^n+3$ 【解析】设由 1,2,3 组成的 n 位数全体构成的集合为 S,则 $|S|=3^n$.S 中不含 $i(i=1,2,3)$ 的 n 位数的集合记为 A_i.则 $|A_i|=2^n(i=1,2,3)$,$|A_i\cap A_j|=1(1\leqslant i<j\leqslant 3)$,$|A_1\cap A_2\cap A_3|=0$,由容斥原理对偶式,可得所求 n 位数的个数为

$|\overline{A_1}\cap \overline{A_2}\cap \overline{A_3}|=|S|-|A_1|-|A_2|-|A_3|+|A_1\cap A_2|+|A_2\cap A_3|+|A_1\cap A_3|-|A_1\cap A_2\cap A_3|$

$=3^n-3\times 2^n+3$.

15. $\dfrac{7}{90}$ 【解析】一个随机排列满足要求当且仅当该排列中 1,9 两数相邻,且 2,6 与 3,4 中至少有一对数相邻.现计算这样的排列的个数 N.设这些排列中 2,6 相邻的排列有 N_1 个,3,4 相邻的排列有 N_2 个,2,6 与 3,4 两对数都相邻的排列有 N_3 个.

为计算 N_1,先将 1,9 两数"捆绑",2,6 两数"捆绑",并将它们与剩下的 6 个数进行排列,有 8!

种方式,又考虑到 $1,9$ 的次序与 $2,6$ 的次序,得 $N_1 = 2^2 \times 8!$.

类似可知 $N_2 = 2^2 \times 8!$, $N_3 = 2^3 \times 7!$.

由容斥原理,$N = N_1 + N_2 - N_3 = 8 \times (8! - 7!)$ $= 7 \times 8!$. 因此,所求概率为 $\dfrac{N}{10!} = \dfrac{7}{90}$.

16. 582 【解析】设 I 为 a,b,c,d,e,f 这 6 个字母全排列的集合,S_1 表示出现 abc 的全排列集合,S_2 表示出现 de 的全排列集合,则 $|I| = 6! = 720$,$|S_1| = 4! = 24$(把 abc 看成一个字母),$|S_2| = 5! = 120$(把 de 看成一个字母).

因为 $S_1 \cap S_2$ 表示同时出现 abc 与 de,

所以 $|S_1 \cap S_2| = 3! = 6$.

由逐步淘汰原理可知不出现 abc 与 de 的排列的个数为 $|\overline{S_1} \cap \overline{S_2}| = |I| - (|S_1| + |S_2|) + |S_1 \cap S_2| = 582$.

17. 97 【解析】已知 $2^{100} + 2^{100} + 2^{|C|} = 2^{|A \cup B \cup C|}$,即 $1 + 2^{|C|} - 101 = 2^{|A \cup B \cup C| - 101}$.

对式子两边作奇偶分析,有 $|C| = 101$,$|A \cup B \cup C| = 102$.

由容斥原理,可得 $|A \cup B \cup C| = |A| + |B| + |C| - |A \cap B| - |B \cap C| - |C \cap A| + |A \cap B \cap C|$,

所以 $|A \cap B \cap C| = 102 - (100 + 100 + 101) + |A \cap B| + |B \cap C| + |C \cap A| = |A \cap B| + |B \cap C| + |C \cap A| - 199$.

但 $|A \cup B \cup C| = 102 \geqslant |A \cup B| = |A| + |B| - |A \cap B| = 200 - |A \cap B|$,

所以 $|A \cap B| \geqslant 200 - 102 = 98$.

同理可知 $|A \cap C| \geqslant 99$, $|B \cap C| \geqslant 99$.

所以 $|A \cap B \cap C| \geqslant 98 + 99 + 99 - 199 = 97$.

当 $A = \{1, 2, \cdots, 100\}$, $B = \{3, 4, 5, \cdots, 102\}$, $C = \{1, 2, 4, 5, 6, \cdots, 101, 102\}$ 时,$|A \cap B \cap C| = |\{4, 5, \cdots, 100\}| = 97$.

综上,$|A \cap B \cap C|$ 的最小值为 97.

18. 723 【解析】设三个袋子的编号分别是 $1,2,3$. 设集合 I 为"将 2 个相同的白球、3 个相同的红球、4

个相同的黑球全部放入 $1,2,3$ 号袋中的放法集合";设集合 M_i 为"将 2 个相同的白球、3 个相同的红球、4 个相同的黑球全部放入 $1,2,3$ 号袋中,其中第 i 号袋为空的放法集合",则无空袋的放法种数为 $m = |I| - \sum\limits_{1 \leqslant i \leqslant 3} |M_i| + \sum\limits_{1 \leqslant i < j \leqslant 3} |M_i \cap M_j| = |I| - C_3^2 |M_3| + C_3^1 |M_2 \cap M_3|$.

设放入 $1,2,3$ 号袋中的白球分别为 x_1, x_2, x_3 个,红球分别为 y_1, y_2, y_3 个,黑球分别为 z_1, z_2, z_3 个,则"将 2 个相同的白球、3 个相同的红球、4 个相同的黑球全部放入 $1,2,3$ 号袋中"的放法数为不定方程组 $\begin{cases} x_1 + x_2 + x_3 = 2, \\ y_1 + y_2 + y_3 = 3, \\ z_1 + z_2 + z_3 = 4, \end{cases} x_i, y_i, z_i \in \mathbf{N}$ 的解的组数,

故 $|I| = C_4^2 \cdot C_5^2 \cdot C_6^2 = 900$.

"将 2 个相同的白球、3 个相同的红球、4 个相同的黑球全部放入 $1,2,3$ 号袋中,3 号袋为空袋"的放法数为不定方程组 $\begin{cases} x_1 + x_2 = 2, \\ y_1 + y_2 = 3, \\ z_1 + z_2 = 4, \end{cases} x_i, y_i, z_i \in \mathbf{N}$ 的解的组数,

故 $|M_3| = C_3^1 \cdot C_4^1 \cdot C_5^1 = 60$.

显然,"将 2 个相同的白球、3 个相同的红球、4 个相同的黑球全部放入 $1,2,3$ 号袋中,2,3 号袋为空袋"的放法数为 $|M_2 \cap M_3| = 1$.

所以 $m = |I| - C_3^2 |M_3| + C_3^1 |M_2 \cap M_3| = 900 - 3 \times 60 + 3 = 723$.

19. 734 【解析】以 A_1, A_2, A_3, A_4, A_5 分别表示函数 $[x]$, $[2x]$, $[3x]$, $[4x]$ 和 $\left[\dfrac{5x}{3}\right]$ 的所有间断点的集合,则 $A_1 \subseteq A_2 \subseteq A_4$,且

$A_3 = \left\{\dfrac{n}{3} \,\middle|\, n = 1, 2, \cdots, 300\right\}$,

$A_4 = \left\{\dfrac{n}{4} \,\middle|\, n = 1, 2, \cdots, 400\right\}$,

$A_5 = \left\{\dfrac{3n}{5} \,\middle|\, n = 1, 2, \cdots, 166\right\}$.

由此可得

$A_3 \cap A_4 = \{n \mid n = 1, 2, \cdots, 100\}$, $A_3 \cap A_5 = A_4 \cap A_5$

$=A_3 \cap A_4 \cap A_5 = \{3n \mid n=1,2,\cdots,33\}$.

由容斥原理可知间断点的个数为

$|A_3 \cup A_4 \cup A_5| = |A_3| + |A_4| + |A_5| - |A_3 \cap A_4|$

$- |A_3 \cap A_5| - |A_4 \cap A_5| + |A_3 \cap A_4 \cap A_5|$

$= 300 + 400 + 166 - 100 - 33 - 33 + 33 = 733$.

加上 0, 故知所取的不同整数值的个数为 734.

20. 612360 **【解析】**从 6 节车厢中选择 4 节登上乘客, 不妨设这 4 节车厢的编号为 1, 2, 3, 4.

设 8 人随意登上这 4 节车厢的方式所成集合为 S, 则 $|S| = 4^8$.

用 A_i 表示第 i 节车厢空着的上车方式所成集合 $(i=1,2,3,4)$, 则 $|A_i| = 3^8$,

$|A_i \cap A_j| = 2^8 (1 \le i < j \le 4)$,

$|A_i \cap A_j \cap A_k| = 1 (1 \le i < j < k \le 4)$,

$|A_1 \cap A_2 \cap A_3 \cap A_4| = 0$.

由容斥原理可得

$|\overline{A_1} \cap \overline{A_2} \cap \overline{A_3} \cap \overline{A_4}| = |S| - C_4^1 |A_1| + C_4^2 |A_1 \cap A_2|$

$- C_4^3 |A_1 \cap A_2 \cap A_3| + |A_1 \cap A_2 \cap A_3 \cap A_4|$

$= 4^8 - 4 \times 3^8 + 6 \times 2^8 - 4 = 40824$,

所以总的上车方式有 $C_6^4 \times 40824 = 612360$ 种.

21. 280 **【解析】**把 3 对夫妻排成一行的全排列集合记为 S, 用 A_i 表示其中第 i 对夫妻相邻的全排列集合, 把相邻夫妻看作一个整体, 则易知

$|A_{i_1} \cap \cdots \cap A_{i_k}| = 2^k (6-k)!$.

由容斥原理可得所有满足题意的排列的总数为

$|\overline{A_1} \cap \overline{A_2} \cap \overline{A_3}| = 6! - 3 \times 2 \times 5! + 3 \times 4 \times 4!$

$- 8 = 280$.

22. 44 **【解析】**本质是 5 个数不在原来位置的全错位排列, 所以满足条件的全排列的个数为

$a_5 = 5! \times \left(1 - \dfrac{1}{1!} + \dfrac{1}{2!} - \dfrac{1}{3!} + \dfrac{1}{4!} - \dfrac{1}{5!}\right) = 44$.

23. $8^n - 5 \times 7^n + 10 \times 6^n - 10 \times 5^n + 5 \times 4^n - 3^n$

【解析】设 $S = \{$由 1, 2, 3, 4, 5, 6, 7, 8 组成的可重复数字的 n 位数$\}$, 显然 $|S| = 8^n$.

设 $A_i = \{S$ 中不含数字 i 的 n 位数$\} (i=1,2,\cdots,8)$, 有 $|A_i| = 7^n$.

本题就是求 $|\overline{A_1} \cap \overline{A_2} \cap \overline{A_3} \cap \overline{A_4} \cap \overline{A_5}|$,

由容斥原理可得

$|\overline{A_1} \cap \overline{A_2} \cap \overline{A_3} \cap \overline{A_4} \cap \overline{A_5}| = 8^n - 5 \times 7^n + 10 \times 6^n$

$- 10 \times 5^n + 5 \times 4^n - 3^n$.

24. $\dfrac{67}{105}$ **【解析】**设钥匙 D_i 对应的第 i 把锁被打开的情形构成的集合为 $A_i (i=1,2,3)$, 则 $|A_i| = 6!$, $|A_i \cap A_j| = 5! (i \ne j)$,

$|A_1 \cap A_2 \cap A_3| = 4!$,

于是由容斥原理可知 $|\overline{A_1} \cap \overline{A_2} \cap \overline{A_3}| = 7! - 3 \times 6! + 3 \times 5! - 4!$, 故概率为 $\dfrac{67}{105}$.

25. $\dfrac{6}{11}$ **【解析】**设 S 表示由任意取 4 个球组成的总事件, 则 $|S| = C_{12}^4 = 495$.

无白球一共有 $C_7^4 = 35$ 种可能, 无红球一共有 $C_8^4 = 70$ 种可能, 无黄球一共有 $C_9^4 = 126$ 种可能. 不可能无白球且无红球, 无白球且无黄球有 1 种可能, 无红球且无黄球有 5 种可能.

由容斥原理可知摸出各种颜色的球的可能种数为 $495 - (35 + 70 + 126) + (0 + 1 + 5) = 270$, 故各种颜色的球都有的概率为 $\dfrac{6}{11}$.

26. $\dfrac{151}{648}$ **【解析】**由题意可知必须抽到 1, 6.

首先任意抽取 4 张卡片有 6^4 种可能, 没有抽到 1 或 6 的可能有 5^4 种, 没有抽到 1 和 6 的可能有 4^6 种, 故可知抽到 1, 6 的可能为 $6^4 - 2 \times 5^4 + 4^6$ 种, 故可得最大数与最小数相差 5 的概率为 $\dfrac{151}{648}$.

27. 72 **【解析】**x, y, z 所有的取值方式有 6^3 种, 不取 2, 4, 6 的方式有 3^3 种, 不取 5 的方式有 5^3 种, 不取 2, 4, 5, 6 的方式有 2^3 种, 故可知满足题意的取值方式有 $216 - 27 - 125 + 8 = 72$ 种.

28. 4048 **【解析】**设 M, m 分别为 $a_1, a_2, \cdots, a_{2024}$ 中的最大值和最小值, 则由题意易得

$M \le \sqrt{M+2} \Rightarrow M \le 2, m \ge \sqrt{m+2} \Rightarrow m \ge 2$,

故可知所有数都为 2, 故答案为 4048.

29. 39200 **【解析】**我们知道 $z^{100} - 1 = 0$ 的根将单位圆分成了 100 个等弧, 对 $\triangle ABC$, 其为锐角三角形等价于 $\overparen{AB}, \overparen{BC}, \overparen{CA}$ 内所含等弧均少于 50 条.

固定顶点 A，设 $\overparen{AB}$，$\overparen{BC}$，$\overparen{CA}$ 内含有 x,y,z 条等弧，

则我们只需求 $\begin{cases} x+y+z=100, \\ 1 \leqslant x,y,z \leqslant 49 \end{cases}$ 的解的组数即可.

记 $S=\{(x,y,z)\mid x+y+z=100,x,y,z\in \mathbf{N}^*\}$，
$A_1=\{(x,y,z)\mid x+y+z=100,x,y,z\in \mathbf{N}^*,x\geqslant 50\}$，
$A_2=\{(x,y,z)\mid x+y+z=100,x,y,z\in \mathbf{N}^*,y\geqslant 50\}$，
$A_3=\{(x,y,z)\mid x+y+z=100,x,y,z\in \mathbf{N}^*,z\geqslant 50\}$，
则可得 $|S|=\mathrm{C}_{99}^2$.

对 A_1，令 $x=x'+49$，则可知 $|A_1|=\mathrm{C}_{50}^2$.

同理可得 $|A_2|=|A_3|=\mathrm{C}_{50}^2$.

故可知 $\begin{cases} x+y+z=100, \\ 1\leqslant x,y,z\leqslant 49 \end{cases}$ 的解的组数为 $\mathrm{C}_{99}^2-3\times \mathrm{C}_{50}^2=1176$.

故所求三角形个数为 $\dfrac{100\times 1176}{3}=39200$.

30. 【证明】考察 1 和 100 这两个最小和最大的数，它们相差 99，在 10×10 方格中任意两个方格之间都可以找到一条不超过由 18 个相连方格组成的路. 对于任何一条路，即使每两个有公共边的方格中所填数之差都为 5，所有差的和仍小于 99. 从而必有某两个有公共边的方格中所填数之差超过 5.

31. 【证明】设有 x 个委员会，并假设 A 是参加委员会最多的人，设 A 参加了 n 个委员会. 平均每人参加委员会的个数为 $\dfrac{5x}{25}=\dfrac{x}{5}\leqslant n$，即有 $x\leqslant 5n$.

考虑 A 参加的 n 个委员会，总人数为 $4n+1\leqslant 25,n\leqslant 6$，所以 $x\leqslant 5n\leqslant 30$.

32. 69600 【解析】设 20 个岗位按先后排序为 $1,2,\cdots,20$，且设第 k 种新式武器设置的序号为 $a_k(k=1,2,3,4,5)$.

令 $x_1=a_1,x_2=a_2-a_1,x_3=a_3-a_2,x_4=a_4-a_3,x_5=a_5-a_4,x_6=20-a_5$，则 $x_1+x_2+\cdots+x_6=20$.

由题意可知 $2\leqslant x_k\leqslant 5(k=1,2,3,4,5)$，$1\leqslant x_6\leqslant 4$.

作代换 $x_k=y_k+1(k=1,2,3,4,5)$，$y_6=x_6$，则 $y_1+y_2+\cdots+y_6=15$，其中 $1\leqslant y_k\leqslant 4(k=1,2,3,4,5)$，$1\leqslant y_6\leqslant 4$.

考虑 S 为 $y_1+y_2+\cdots+y_6=15$ 的正整数解组成的集合，$A_i(i=1,2,3,4,5)$ 为 $y_i\geqslant 5$ 的正整数解的集合，则 $|S|=\mathrm{C}_{14}^5$，$|A_i|=\mathrm{C}_{10}^5$，$|A_i\bigcap A_j|=\mathrm{C}_6^5$，则由容斥原理可知

$\left|\bigcap\limits_{i=1}^5 \overline{A_i}\right|=|S|-6\times \mathrm{C}_{10}^5+\mathrm{C}_6^2\times \mathrm{C}_6^5=580.$

由 5 种新式武器各不相同可知一共有 $580\times 5!=69600$ 种配备方案.

33. 【证明】在各行棋子中，一定有一行棋子最多，设有 p_1 枚棋子. 从剩下的 $2n-1$ 行中找一行棋子最多的，设其有 p_2 枚，则找到的 n 行中共有 $p_1+p_2+\cdots+p_n$ 枚棋子，故所找 n 行中至少有 $2n$ 枚棋子. 否则，若 $p_1+p_2+\cdots+p_n\leqslant 2n-1$，则 $p_{n+1}+p_{n+2}+\cdots+p_{2n}\geqslant n+1$.

又 $p_1,p_2,\cdots,p_n$ 中必有一个不大于 1，$p_{n+1},p_{n+2},\cdots,p_{2n}$ 中必有一个大于 1，与 $p_1\geqslant p_2\geqslant \cdots\geqslant p_{2n}$ 矛盾. 剩下的 n 枚棋子从 n 列中选即可.

34. 【证明】假设这个方程有正整数解 (x,y,z,u)，则 x 必有最小值. 设 (x_0,y_0,z_0,u_0) 是使 x 最小的一组解.

$x_0^2+y_0^2$ 是 3 的倍数，由同余易知 x_0,y_0 也都是 3 的倍数. 设 $x_0=3m,y_0=3n$，则 $z_0^2+u_0^2=3(m^2+n^2)$，于是 z_0,u_0 也均是 3 的倍数，设 $z_0=3s,u_0=3t$，此时 (m,n,s,t) 也是方程的一组解，且 $m<x_0$，与 x_0 的最小性矛盾.

故方程 $x^2+y^2=3(z^2+u^2)$ 不存在正整数解.

35. 【证明】由于是有限个点，故只有有限种连接方式，我们考虑得到的 n 条线段的长度和假设任意（两点间的线段长度相同）最小时的情形，下证其满足题意.

若存在线段 AC,BD 相交于 E（如答图），其中 A,B 为红点，C,D 为蓝点，则可知
$|AD|+|BC|<|AE|+|ED|+|BE|+|EC|=|AC|+|BD|$，
这与最小性矛盾. 故得证.

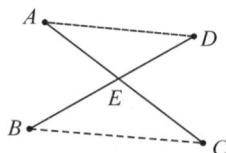

第 35 题答图

36.【证明】可将 n 座岛看作 n 个顶点,若有桥连接,则对应的 2 个顶点相邻,于是得到答图所示的图形.由题意可知图中每个顶点的度至少为 2.

取图中一条最长的路,设路对应的点为 v_1,v_2,$\cdots$,v_t,其中 v_1,v_t 为端点.由于 v_1 的度大于等于 2,于是可知存在一个点 $v(v\neq v_2)$,使其与 v_1 相邻,而由路最长可知 v 必在路的顶点,这即构成一个圈.

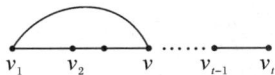

第 36 题答图

37.【证明】用 A,B,$\cdots$ 表示选手,而用 $\alpha(A)$,$\alpha(B)$ 表示 A,B 已赛过的对手集合.设 A 是对手集合中元素最多的选手.

若命题不成立,则存在 2 个选手 B,C,使得去掉 A 后,B,C 的对手集合相同.由于 $\alpha(B)\neq\alpha(C)$,故 A 必属于 $\alpha(B)$ 与 $\alpha(C)$ 之一.不妨设 $B\in\alpha(A)$,$C\notin\alpha(A)$.

同样存在 D,E,使 $D\in\alpha(C)$,$E\notin\alpha(C)$,去掉 C 后,$\alpha(D)=\alpha(E)$,由于 $A\notin\alpha(C)$,故 $D\neq A$;

又 $D\in\alpha(C)$,故 $D\in\alpha(B)$,即 $B\in\alpha(D)=\alpha(E)\bigcup\{C\}$,从而 $B\in\alpha(E)$,$C\notin\alpha(E)$,

而去掉 A 后,B,C 的对手集合相同,从而 $E=A$.于是 $\alpha(A)=\alpha(E)=\alpha(D)\setminus\{C\}$,即 $\alpha(A)$ 比 $\alpha(D)$ 少一个元素 C,这与 A 是"对手集合中元素最多的"矛盾.结论得证.

38.【证明】设 S 是所有试题的集合,S_i 是第 i 位学生解出的试题的集合,$T_i=S\backslash S_i$ 是表示第 i 位学生未解出的试题的集合.

原命题等价于证明存在 $i\neq j$,使得 $|S_i\bigcap S_j|\geq 5$.

不妨假设对任意 $i=1,2,\cdots,31$,都有 $|S_i|=6$,$|T_i|=4$.

S 共有 $C_{10}^3=120$ 个三元子集,每个 T_i 恰好包含 4 个三元子集.因此,存在 $i\neq j$,使得 T_i,T_j 包含相同的三元子集,即 $|T_i\bigcap T_j|\geq 3$.

故由容斥原理得 $|S_i\bigcap S_j|=|S_i|+|S_j|-|S_i\bigcup S_j|$
$=6+6-(10-|T_i\bigcap T_j|)\geq 5$.

39.【证明】从三所学校的 $3n$ 名学生中选择一名学生 A,他认识其他两所学校中某一所学校的人数是最多的,这个最大值为 $k\leq n$.不妨设 A 在第一所学校,他认识第二所学校的 k 名学生,于是他认识第三所学校的人数为 $n+1-k\geq 1$,即 A 至少认识第三所学校的一名学生 C.如果 C 认识第二所学校中 A 所认识的某个学生 B,那么 A,B,C 互相认识,结论成立.否则 C 认识第二所学校内的学生人数至多为 $n-k$,从而 C 认识第一所学校内的学生人数至少为 $n+1-(n-k)=k+1$,这与 k 的最大性假设矛盾.从而原命题得证.

40.75【解析】记 $A_i=\{k|1\leq k\leq 100,k\in\mathbf{N}$,且 k 能被 i 整除$\}(i=2,3,5)$,于是由容斥原理有
$|A_2\bigcup A_3\bigcup A_5|=|A_2|+|A_3|+|A_5|-|A_2\bigcap A_3|$
$-|A_2\bigcap A_5|-|A_3\bigcap A_5|+|A_2\bigcap A_3\bigcap A_5|$
$=\left[\frac{100}{2}\right]+\left[\frac{100}{3}\right]+\left[\frac{100}{5}\right]-\left[\frac{100}{2\times 3}\right]-\left[\frac{100}{3\times 5}\right]-$
$\left[\frac{100}{2\times 5}\right]+\left[\frac{100}{2\times 3\times 5}\right]=50+33+20-16-10-6$
$+3=74$.

当 $n\leq 74$ 时,$A_2\bigcup A_3\bigcup A_5$ 中任取 4 个数,其中至少有 2 个数属于同一个集合 A_2,A_3,A_5,它们不互素.

下面证明 n 的最小值等于 75.

记 $B_1=\{1\}\bigcup\{100$ 以内的素数$\}$,$B_2=\{2^2,3^2,5^2,7^2\}$,$B_3=\{2\times 47,3\times 31,5\times 19,7\times 13\}$,$B_4=\{2\times 43,3\times 29,5\times 17,7\times 11\}$.

令 $B=B_1\bigcup B_2\bigcup B_3\bigcup B_4$,则 $|B|=26+3\times 4=38$,在 $1,2,\cdots,100$ 这 100 个数中去掉这 38 个元素,还剩下 62 个,于是从 $1,2,\cdots,100$ 中任取 75 个数时,其中至少有 13 个数属于 $B=B_1\bigcup B_2\bigcup B_3\bigcup B_4$,再由抽屉原理知这 13 个数至少有 4 个数属于同一子集 $B_i(1\leq i\leq 4)$,它们之间两两互素.

注:本题的想法是简单的,我们尽量找到能覆盖最多数的素因子.由于 4 个数中必有 2 个数不互素,考虑抽屉原理,我们取三个素因子,即为 2,3,5.最后的构造就是考虑较大的素因子按照题意条件分组,然后用抽屉原理证明.

41.【证明】(1)考虑计算有序对(x,Q)的对数,其中$x\in S$,$Q\subseteq P(x)$,且$|Q|=r$.

$$g_r=\sum_{|Q|=r}|G|=\sum_{|Q|=r}\sum_{\substack{x\in S\\Q\subseteq P(x)}}1=\sum_{x\in S}\sum_{\substack{|Q|=r\\Q\subseteq P(x)}}1$$

$$=\sum_{x\in S}C^r_{|P(x)|}=\sum^m_{i=r}C^r_ie_i,$$

故得证.

(2)记$G(x)=\sum\limits^{+\infty}_{i=0}g_ix^i$,$E(x)=\sum\limits^{+\infty}_{i=0}e_ix^i$,则可得

$$G(x)=\sum^{+\infty}_{i=0}g_ix^i=\sum^{+\infty}_{i=0}\sum^m_{j=i}C^i_je_jx^i=\sum^{+\infty}_{i=0}\sum^{+\infty}_{j=i}C^i_je_jx^i$$

(注意$r>m$时,$g_r=e_r=0$)

$$=\sum^{+\infty}_{j=0}\sum^j_{i=0}C^i_je_jx^i=\sum^{+\infty}_{j=0}e_j\sum^j_{i=0}C^i_jx^i=\sum^{+\infty}_{j=0}e_j(1+x)^j$$

$$=E(1+x).$$

于是可得$G(x-1)=E(x)$,

而$E(x)=\sum\limits^m_{i=0}e_ix^i$

$$\Rightarrow E^{(r)}(x)=\sum^m_{i=r}i(i-1)\cdots(i-r+1)e_ix^{i-r},$$

于是可知$E^{(r)}(0)=r!e_r$.

而$G^{(r)}(x-1)=\sum\limits^m_{i=r}i(i-1)\cdots(i-r+1)g_i\cdot$ $(x-1)^{i-r}$,当$x=0$时,有

$$G^{(r)}(-1)=\sum^m_{i=r}i(i-1)\cdots(i-r+1)g_i(-1)^{i-r},$$

故可得

$$r!e_r=\sum^m_{i=r}i(i-1)\cdots(i-r+1)g_i(-1)^{i-r}$$

$$\Rightarrow e_r=\sum^m_{i=r}\frac{i(i-1)\cdots(i-r+1)}{r!}g_i(-1)^{i-r}$$

$$=\sum^m_{i=r}C^r_i(-1)^{i-r}g_i.$$

综上,结论得证.

注:记$A_{i_1},A_{i_2},\cdots,A_{i_r}$分别表示满足性质$P_{i_1},P_{i_2},\cdots,P_{i_r}$的元素的集合,则可知

$$g_r=\sum_{1\leqslant i_1<i_2<\cdots<i_r\leqslant m}|A_{i_1}\bigcap A_{i_2}\bigcap\cdots\bigcap A_{i_r}|.$$

当$r=0$时,结合(2)可得逐步淘汰原理.

第6章 集合的分划与子集族

1.【证明】将集合$\{1,2,\cdots,1989\}$中的数按从小到大

顺次分成17段,每段含117个数,从第4段数开始,将偶数段的数从小到大依次放入$A_1,A_2,\cdots,A_{117}$中,并将奇数段的数从大到小依次放入这117个子集中.易知所有集合中的14个数之和都相等,于是问题归结为如何将前三段数$\{1,2,\cdots,351\}$每3个一组分别放入每个集合中,且使每组3个数之和都相等.

把这些数中3的倍数抽出来从大到小排好:$\{351,348,345,\cdots,6,3\}$,共117个数,依次放入$A_1,A_2,\cdots,A_{117}$中,其余的234个数从小到大排列并分成两段,每段117个数,即$\{1,2,4,5,7,\cdots,173,175\}$和$\{176,178,179,\cdots,349,350\}$,将这两段数分别顺次放入$A_1,A_2,\cdots,A_{117}$之中,即可满足要求.事实上,若将这两段数中的数顺次相加,则其和为$\{177,180,183,186,\cdots,522,525\}$,由此可见,放入每个$A_i$中的3个数之和都是528.

注:本题的解法是基于配对完成的,首先可以看到,由于17为奇数,所以不能在17个数中首尾配对,于是考虑偶数的小的数和奇数的大的数配对.显然不能从第2段开始配对,于是从第4段开始配对.最后剩下的数分成三段,再进行配对即可.

上述解法是通过具体地构造$A_i(i=1,2,\cdots,117)$完成的,这种构造方式不是唯一的.

2.56 【解析】(i)若$m<56$,令$A_i=\{a\mid a\equiv i(\bmod 14),a\in A\}$,则对任意$a,b\in A_i(i=1,2,\cdots,14)$,$b<a$,均有$56>a>b$,且$a-b\geqslant14$.

故$b\leqslant a-14<42$.

于是,$\dfrac{a}{b}=1+\dfrac{a-b}{b}\geqslant1+\dfrac{14}{b}>1+\dfrac{14}{42}=\dfrac{4}{3}$.

故正整数$m\geqslant56$.

(ii)若$m=56$,则对A的任意分划$A_1,A_2,\cdots,A_{14}$,数$42,43,\cdots,56$中必有两个数属于同一个A_i,它们满足$b\leqslant a\leqslant\dfrac{4}{3}b$.

综上,所求m的最小正整数值为56.

注:按同余类分划是很精妙的方法.

3.【证明】集合A的四元分划总数为4^{2018}.

设a_1为集合A中等差数列$a_1,a_2,\cdots,a_{10}$的首项,则

$1 \leqslant a_1 \leqslant 2009, 10 \leqslant a_{10} \leqslant 2018$，公差 $d \in \left[1, \dfrac{2018-a_1}{9}\right]$.

于是，集合 A 中共有 $\displaystyle\sum_{a_1=1}^{2009}\left[\dfrac{2018-a_1}{9}\right]$ 个此类数列.

使得数列 $a_1, a_2, \cdots, a_{10}$ 在同一个块中的方法数恰好为 $4 \times 4^{2018-10} = 4^{2009}$，于是，集合 A 的四元分划中某些块含有 10 个能构成等差数列的元素分划总数不超过 $4^{2009} \times \displaystyle\sum_{a_1=1}^{2009}\left[\dfrac{2018-a_1}{9}\right]$.

又由高斯函数的性质，可知 $[x] \leqslant x$.

故 $\displaystyle\sum_{a_i=1}^{2009}\left[\dfrac{2018-a_1}{9}\right] \leqslant \displaystyle\sum_{a_i=1}^{2009}\left(\dfrac{2018-a_1}{9}\right) = \dfrac{2017+2016+\cdots+9}{9} = \dfrac{1013 \times 2009}{9} < 4^9$.

因此，$4^{2009} \times \displaystyle\sum_{a_1=1}^{2009}\left[\dfrac{2018-a_1}{9}\right] < 4^{2018}$.

综上，所证结论成立.

4.【证明】设 $k = \min\{|A_i|, |B_j|, 1 \leqslant i, j \leqslant n\}$，不妨设 $|A_1| = k$. 若 $k \geqslant \dfrac{n}{2}$，则 $|M| = \displaystyle\sum_{i=1}^{n}|A_i| \geqslant nk \geqslant \dfrac{n^2}{2}$.

若 $k < \dfrac{n}{2}$，则由于 $B_1, B_2, \cdots, B_n$ 中至多有 k 个集合与 A_1 的交集不空，从而另外 $n-k$ 个集合均与 A_1 的交集为空，且这些集合的元素个数不小于 $n-k$. 由 $n > 2k$，有

$|M| = \displaystyle\sum_{i=1}^{n}|B_i| \geqslant k \cdot k + (n-k) \cdot (n-k)$

$\geqslant \dfrac{1}{2}[k+(n-k)]^2 = \dfrac{n^2}{2}$.

综上，命题成立.

5. $m^{m^{m+2}}$ 　**【解析】**令 $A = \{m, m+1, \cdots, m^m-1\} \cup \{m^{m^{m+1}}, m^{m^{m+1}}+1, \cdots, m^{m^{m+2}}-1\}$，$B = \{m^m, m^m+1, \cdots, m^{m^{m+1}}-1\}$.

由于 $(m^m)^m > m^{m^{m+1}}-1$，$m^m > m^m-1$，

$(m^m-1)^{(m^m-1)} < (m^m)^{m^m} = m^{m^{m+1}}$，

$(m^{m^{m+1}})^m > m^{m^{m+2}}-1$，

所以 $A \cup B$ 不满足要求，所以 $f(m) \geqslant m^{m^{m+2}}$. 若 $n \geqslant m^{m^{m+2}}$，假设命题不成立，不妨设 $m \in A$，则 $m^m \in B$，$(m^m)^{m^m} = m^{m^{m+1}} \in A$，$(m^{m^{m+1}})^m = m^{m^{m+2}} \in B$，而 $m^{(m^{m+1})} = m^{m^{m+1}}$，$(m^m)^{m^{m+1}} = m^{m^{m+2}}$，

所以 $m^{m+1} \notin A \cup B$，矛盾！

所以 $f(m) = m^{m^{m+2}}$ 为最小值.

6.【证明】定义 $S_k = \{k^2-k+1, \cdots, k^2\}$，$T_k = \{k^2+1, \cdots, k^2+k\}$，$k=1, 2, \cdots, n-1$.

令 $S = \displaystyle\bigcup_{k=1}^{n-1}S_k$，$T = \displaystyle\bigcup_{k=1}^{n-1}T_k$，下面证明 S, T 即为满足题目要求的 2 个子集.

首先，$S \cap T = \varnothing$，且 $S \cup T = X$.

其次，如果 S 中存在 n 个元素 $a_1, a_2, \cdots, a_n, a_1 < a_2 < \cdots < a_n$，满足

$$a_k \leqslant \dfrac{a_{k-1}+a_{k+1}}{2}, k=2, 3, \cdots, n-1.$$

则有 $a_k - a_{k-1} \leqslant a_{k+1} - a_k, k=2, 3, \cdots, n-1$. 　①

不妨设 $a_1 \in S_i$，容易知道 $i < n-1$.

$a_1, a_2, \cdots, a_n$ 这 n 个数中至少有 $n-|S_i| = n-i$ 个在 $S_{i+1} \cup \cdots \cup S_{n-1}$ 中，根据抽屉原理，必有某个 S_j $(i < j < n)$ 中含有其中至少 2 个数，设最小的一个为 a_k，则 $a_k, a_{k+1} \in S_j$，而 $a_{k-1} \in S_1 \cup \cdots \cup S_{j-1}$，于是 $a_{k+1} - a_k \leqslant |S_j| - 1 = j-1$，$a_k - a_{k-1} \geqslant |T_{j-1}| + 1 = j$，所以 $a_{k+1} - a_k < a_k - a_{k-1}$，与①矛盾.

故 S 中不存在 n 个元素满足题中假设.

同理，T 中亦不存在这样的 n 个元素.

这表明 S, T 即为满足题中要求的 2 个子集.

7.【分析】不妨设有限集 $A = \{1, 2, 3, \cdots, n\}$，先来看一些简单情形.

当 $n=1$ 时，显然可以排成：$\varnothing, \{1\}$.

当 $n=2$ 时，共有 $2^2 = 4$ 个子集，可排成：$\varnothing, \{1\}, \{1,2\}, \{2\}$.

当 $n=3$ 时，共有 $2^3 = 8$ 个子集，可排成：$\varnothing, \{1\}, \{1,2\}, \{2\}, \{2,3\}, \{1,2,3\}, \{1,3\}, \{3\}$.

注意 $n=3$ 时的排法：所有子集可分为两组，前 4 个子集都不含元素 3；后 4 个子集都含有元素 3，且去掉 3 后恰好是前 4 个子集排列的逆序. 事实上，$n=2$ 时也是如此，这说明我们可以考虑用数学归纳法来证明.

【证明】设有限集为 $M_n = \{\omega_1, \omega_2, \cdots, \omega_n\}$，我们对 n 进行归纳.

当 $n=1$ 时，$M_1 = \{\omega_1\}$，将它的 2 个子集排成 $\varnothing$，$\{\omega_1\}$ 即可.

假设当 $n=k$ 时,命题成立,当 $n=k+1$ 时,$M_{k+1}=\{\omega_1,\omega_2,\cdots,\omega_k,\omega_{k+1}\}$.

M_{k+1} 是由集合 $M_k=\{\omega_1,\omega_2,\cdots,\omega_k\}$ 添加元素 ω_{k+1} 形成的,M_k 的子集个数为 2^k,由归纳假设知,可将 M_k 的全体子集排成满足题设要求的一列.不妨设 M_k 的全体子集为 $A_1,A_2,A_3,\cdots,A_{2^k}$($A_i\subseteq M_k,i=1,2,3,\cdots,2^k$).

我们来看排列 $A_1,A_2,A_3,\cdots,A_{2^k},A_{2^k}\bigcup\{\omega_{k+1}\},A_{2^k-1}\bigcup\{\omega_{k+1}\},\cdots,A_1\bigcup\{\omega_{k+1}\}$,

它恰好由 M_{k+1} 的 2^{k+1} 个不同子集排成,且任意两个相邻子集的元素都仅相差 1 个,可见 $n=k+1$ 时,命题也成立.

所以对任意的 $n\in\mathbf{N}^*$,所述命题成立.

注:对于一个复杂的问题,先解决一些简单的或特殊的情形,从中发现规律和方法,从而找到解决一般问题的办法.

8.133 【分析】我们先来看元素较少时的情形,记集合 A_i 符合条件的子集族为 A_i^*,$|A_i^*|=a_i$.

$A_1=\{1\}$,$A_1^*=\varnothing$,$a_1=0$.

$A_2=\{1,2\}$,$A_2^*=\varnothing$,$a_2=0$.

$A_3=\{1,2,3\}$,$A_3^*=\{\{1,3\}\}$,$a_3=1$.

$A_4=\{1,2,3,4\}$,$A_4^*=\{\{1,3\},\{1,4\},\{2,4\}\}$,$a_4=3$.

$A_5=\{1,2,3,4,5\}$,$A_5^*=\{\{1,3\},\{1,4\},\{2,4\},\{1,3,5\},\{1,5\},\{2,5\},\{3,5\}\}$,$a_5=7$.

考察写出 A_5^* 的过程,可分作两步:第一步写出 A_5^* 的全部元素,它们都不含元素 5;第二步写出 5 的子集,它们是在 A_3^* 的元素中添 5 所得,或者是含 5 的二元子集,即 $a_5=a_4+a_3+3$.

其实对 A_4^*,A_3^* 有类似的结论:$a_4=a_3+a_2+2$,$a_3=a_2+a_1+1$.

我们可以将这个做法推广到一般情形.

【解析】设 a_n 是集合 $\{1,2,\cdots,n\}$ 的具有题设性质的子集个数.

对于集合 $\{1,2,\cdots,n,n+1,n+2\}$,具有题设性质的子集可分为两类:第一类子集不包含 $n+2$,它们是集合 $\{1,2,\cdots,n,n+1\}$ 的全部具有题设性质的子集,共有 a_{n+1} 个;第二类子集包含 $n+2$,它们是

集合 $\{1,2,\cdots,n\}$ 的每个具有题设性质的子集与 $\{n+2\}$ 的并集,以及二元子集 $\{1,n+2\}$,$\{2,n+2\}$,$\cdots$,$\{n,n+2\}$,共有 a_n+n 个.

于是,我们有 $a_{n+2}=a_{n+1}+a_n+n$.

易知,$a_1=a_2=0$,因此 $a_3=1,a_4=3,a_5=7,a_6=14,a_7=26,a_8=46,a_9=79,a_{10}=133$.

所以,所求子集的个数为 133.

注:上述解法的特点是将问题一般化.这里用到了递推方法,递推是解决组合问题的常用方法之一.

9.175 【解析】首先至多含 3 个元素的 A 的非空子集有 $C_{10}^1+C_{10}^2+C_{10}^3=10+\dfrac{10\times9}{2}+\dfrac{10\times9\times8}{6}=175$ 个.

这些集合的交集至多有 2 个元素.因此 $k_{max}\geqslant175$.下面证明 $k_{max}\leqslant175$.

设 ζ 为满足题设的子集族,若 $B\in\zeta$,且 $|B|\geqslant4$.设 $b\in B$,则 B 与 $B-\{b\}$ 不能同时包含于 ζ,以 $B-\{b\}$ 替代 B,仍然满足要求,于是 ζ 中元素数目不变,对 ζ 中所有元素数目多于 4 的集合 B 进行相应替代,替代后子集族 ζ 中的每个集合都是元素数目不多于 3 的非空集合,故 $k_{max}\leqslant175$.

所以,k 的最大值为 175.

注:本题是一种类似"调整"的方法,我们通过对一些元素进行一些操作,使得集合不断调整,直到最值取等.

10.【证明】首先,对 S 的 2^n 个子集(包括 $\varnothing$ 与全集),将它们分成 2^{n-1} 对,每一对包括 S 的一个子集 A 与其补集 $\complement_S A$.

因为子集族 ζ 中有 2^{n-1} 个元素,且任两个子集的交不空,所以 ζ 的 2^{n-1} 个元素必是从这 2^{n-1} 对集合中每对选一个得到的,即对子集 $A\subset S$,A 与 $\complement_S A$ 恰有一个属于 ζ.

记 ζ 中的 2^{n-1} 个子集为 $A_1,A_2,\cdots,A_{2^{n-1}}$.

由于 $A_1\cap A_2\cap\complement_S(A_1\cap A_2)=\varnothing$,

故 $\complement_S(A_1\cap A_2)\notin\zeta$.

所以 $A_1\cap A_2\in\zeta$.

又 $(A_1\cap A_2)\cap A_3\cap\complement_S[(A_1\cap A_2)\cap A_3]=\varnothing$,

故 $\complement_S[(A_1\cap A_2)\cap A_3]\notin\zeta$.

所以 $A_1\cap A_2\cap A_3\in\zeta$.

依此类推,得 $A_1 \cap A_2 \cap \cdots \cap A_{2^n-1} \in \zeta$.

显然,$A_1 \cap A_2 \cap \varnothing = \varnothing$,故 $\varnothing \notin \zeta$.

所以 $A_1 \cap A_2 \cap \cdots \cap A_{2^n-1} \neq \varnothing$.

11. 15 【解析】考虑 $\{1,7\}, \{2,6\}, \{3,5\}, \{4\}$,可知只要选取某集合的一个数,就要选取该集合中的所有数,于是有 $2^4 - 1 = 15$ 种.

12. $\dfrac{5}{62}$ 【解析】先确定 $A \cap B$ 的元素,例如,$A \cap B = \{1,2,3\}$. 设 $A' = A \backslash \{1,2,3\}$,$B' = B \backslash \{1,2,3\}$,则可知 $A' \cap B' = \varnothing$,于是有 $\{A', B'\} = \varnothing, \{\varnothing, \{4\}\}, \{\varnothing, \{5\}\}, \{\varnothing, \{4,5\}\}, \{\{4\}, \{5\}\}$ 这 4 种选择,故可知概率为 $P = \dfrac{C_5^3 \times 4}{C_{32}^2} = \dfrac{5}{62}$.

13. $2^{4048} - 2025 \cdot 2^{2024}$ 【解析】首先考虑满足 $\max X \leqslant \min Y$ 的有序集合对 (X,Y) 的数目,对给定的 $m = \max X$,我们看到其有 2^{m-1} 种取法. 又 $\min Y \geqslant m$,故 Y 为 $\{m, m+1, \cdots, 2024\}$ 的一个非空子集,故有 $2^{2025-m} - 1$ 种取法.

则满足 $\max X \leqslant \min Y$ 的有序集合对 (X,Y) 的数目为 $\displaystyle\sum_{m=1}^{2024} 2^{m-1} (2^{2025-m} - 1) = 2024 \cdot 2^{2024} - (2^{2024} - 1)$.

故符合题意的有序集合对 (X,Y) 的数目为 $(2^{2024} - 1)^2 - (2023 \cdot 2^{2024} + 1) = 2^{4048} - 2025 \cdot 2^{2024}$.

14. 186 【解析】设 A 中元素个数为 k,则可知 $k \notin A$,$10 - k \notin B \Rightarrow 10 - k \in A$,$k \in B$,于是可知所有满足条件的集合为 C_8^{k-1},其中 $k \neq 5$,故可知总个数为 $\displaystyle\sum_{i=0}^{8} C_8^i - C_8^4 = 2^8 - 70 = 186$.

15. 8 【解析】设 $M_i = \{a_i, b_i, c_i\}$,其中 $a_i = b_i + c_i$,$b_i > c_i (i = 1,2,3,4)$.

设 $a_1 < a_2 < a_3 < a_4$,则 $a_4 = 12$.

又 $a_1 + a_2 + a_3 + a_4 = \dfrac{1}{2}(1 + 2 + \cdots + 12) = 39$,

所以 $a_1 + a_2 + a_3 = 27$.

又 $3a_3 > 27 \Rightarrow a_3 \geqslant 10$,故 $a_3 = 10, 11$.

当 $a_3 = 10$ 时,$a_1 + a_2 = 17$,于是可知 $a_2 = 9, a_1 = 8$,易知必须有 $b_4 = 11, c_4 = 1$,于是一共有 $10 = 7 + 3, 9 = 5 + 4, 8 = 6 + 2$ 和 $10 = 6 + 4, 9 = 7 + 2, 8 = 5 + 3$ 这两种情况,于是此时有 2 种分划方法.

当 $a_3 = 11$ 时,$a_1 + a_2 = 16$,于是可知 $a_2 = 9$ 或 10,

当 $(a_1, a_2, a_3, a_4) = (6, 10, 11, 12)$,得到 3 种分划方法:$(12, 8, 4), (11, 9, 2), (10, 7, 3), (6, 5, 1)$;$(12, 9, 3), (11, 7, 4), (10, 8, 2), (6, 5, 1)$;$(12, 7, 5), (11, 8, 3), (10, 9, 1), (6, 4, 2)$.

当 $(a_1, a_2, a_3, a_4) = (7, 9, 11, 12)$,得到 3 种分划方法:$(12, 8, 4), (11, 10, 1), (9, 6, 3), (7, 5, 2)$;$(12, 10, 2), (11, 6, 5), (9, 8, 1), (7, 4, 3)$;$(12, 10, 2), (11, 8, 3), (9, 5, 4), (7, 6, 1)$.

综上,一共有 8 种符合题意的分划方法.

16. 511 【解析】首先取 $\{1, 2, \cdots, 9\}$ 的所有非空子集,共 511 个.

若 $n \geqslant 512$,我们将 A 的所有非空真子集,一共 1022 个子集,子集与补集两两配对,共 511 组.

若存在 $A_i = A$,显然矛盾!若不存在,则存在 2 个集合在同一组,这也不成立.

综上,n 的最大值为 511.

17. 4 【解析】若 $|T| \geqslant 5$,则 T 中至少有 3 个数的第一位数码相同,不妨记为 a, b, c,而在其中至少有 2 个数的第二位数码相同,不妨设为 a, b,而 a, b 距离大于 2,于是 a, b 的第三、四、五位数码互不相同. 对 c 而言,其必然与 a, b 中的某一个第三、四、五位数码至少 2 个相同,又因其首位相同,故可知其距离不超过 2,矛盾!

当 $|T|$ 为 4 时,取 $T = \{(1,1,1,1,1), (0,0,0,1,1), (1,1,0,0,0), (0,0,1,0,0)\}$ 即可.

故 $|T|$ 的最大值为 4.

18. 670 【解析】取所有 $3k+1$ 的数 $A = \{1, 4, 7, 10, \cdots, 2008\}$,则易知任意两数之和不为 3 的倍数,但任意两数之差为 3 的倍数,故此时题述条件成立,共 670 个数.

考虑将 M 按 3 个连续的数分划,对 $\{1, 2, 3\}, \{4, 5, 6\}, \cdots, \{2005, 2006, 2007\}, \{2008\}$.

若 $k \geqslant 671$,则必存在两数在一个集合中,则可知这两数之差的绝对值为 1, 2,而 $x - y, x + y$ 同奇偶,则可知 $x - y | x + y$.

故最大值为 670.

注:从 $x - y$ 入手,考虑一些小的数,发现 $x - y = 3$ 时有不整除的构造,而等于 1, 2 时必然成立,于是用分划结合抽屉原理证明.

19. 4 【解析】考虑 2,4,7,9,其归属于不同的集合,故 $n \geq 4$.另一方面,取 $A_i = \{n \mid n \equiv i \pmod 4),$ $n \in \mathbf{N}^*\}$ $(i=1,2,3,4)$,可知若 $|i-j|$ 为素数,则其必归属于不同的集合.

故最小值为 4.

20. 存在 【解析】取 $S_2 = \{1,2,x,y\}$,则有
$$1+2+\cdots+19-(1+2+x+y)=2xy$$
$$\Rightarrow 187=2xy+x+y \Rightarrow (2x+1)(2y+1)=375,$$
令 $x=12,y=7$ 即可.故可知存在.

21. 32 【解析】一方面,当 $n=31$ 时,考虑 $A=\{2,3\} \cup \{16,\cdots,31\},B=\{4,5,\cdots,15\}$,此时可知不满足题意.另一方面,当 $n \geq 32$ 时,设 S_n 分划为 A,B 且非空(不然显然成立),假设命题不成立,不妨设 $2 \in A$,则可知 $4 \in B$,于是 $16 \in A \Rightarrow 8 \in B \Rightarrow 32 \in A$,矛盾!

故 n 的最小值为 32.

22. 【证明】当 A,B 有一个为空集时,结论显然成立.当 A,B 都不为空集时,假设结论不成立,不妨设 $5 \in A$,则 $1,9$ 不能同时属于 A,不妨设 $1 \in A,9 \in B$,则我们看到 $3 \notin A \Rightarrow 3 \in B$,于是 $6 \notin B \Rightarrow 6 \in A$,$4,7 \notin A \Rightarrow 4,7 \in B$,于是 $2 \notin B \Rightarrow 2 \in A \Rightarrow 8 \in B$,而 $7,8,9$ 为等差数列,故矛盾!结论得证.

23. 【证明】我们看到每个元素都是两位数,故对 S 的子集,其元素之和不会超过 1000,而 S 有 1023 个非空子集,于是必有 2 个子集,其元素和相同.2 个子集无相同元素时满足要求,有相同元素时将相同元素删去即可.结论得证.

24. 5 【解析】取 $S=\{1,2,3,5,8\}$,容易验证其满足条件.当 $|S| \geq 6$ 时,易知任取 S 中的两个不同数至少有 $C_6^2=15$ 种取法,而不同的两数相加结果在 3 至 17 之间,于是得到的 15 个数为 $3 \sim 17$.故可知 $1,2,8,9 \in S$,但 $9+1=2+8$.故 $|S|$ 的最大值为 5.

注:构造时考虑了斐波那契数列.

25. $n=2m$ 【解析】首先容易知道 $4 \mid a_k+b_k+c_k+d_k$ $(k=1,2,\cdots,n) \Rightarrow 4 \mid 1+2+\cdots+4n$,于是可知 $4 \mid \dfrac{4n(4n+1)}{2} \Rightarrow 2 \mid n(4n+1) \Rightarrow 2 \mid n$.

又当 $n=2m$ 时,我们考虑
$$M_k=\{8k+1,8k+3,8k+8,8k+4\},$$
$$M_k'=\{8k+2,8k+6,8k+7,8k+5\}.$$
于是有 $M=\bigcup_{k=0}^{m-1}(M_k \cup M_k')$.

综上,$n=2m$ 时符合题意.

26. 29 【解析】解法一:不妨设 $12 \in A$,由于当集合 A 确定后,集合 B 便唯一确定,故只需考虑集 A 的个数,设 $A=\{a_1,a_2,\cdots,a_6\}$,a_6 为最大数,由 $1+2+\cdots+12=78$,可知 $a_1+a_2+\cdots+a_6=39$,$a_6=12$,于是 $a_1+a_2+a_3+a_4+a_5=27$,故 $A_1=\{a_1,a_2,a_3,a_4,a_5\}$ 中有奇数个奇数.

(1)若 A_1 中有 5 个奇数,因 M 中的 16 个奇数之和为 36,而 $27=36-9$,则 $A_1=\{1,3,5,7,11\}$,这时得到唯一的 $A=\{1,3,5,7,11,12\}$.

(2)若 A_1 中有 3 个奇数和 2 个偶数.用 p 表示 A_1 中 2 个偶数 x_1,x_2 之和,q 表示 A_1 中 3 个奇数 y_1,y_2,y_3 之和,则 $p \geq 6,q \geq 9$,于是 $q \leq 21$,$p \leq 18$.共得 A_1 的 24 种情形.

其中,①当 $p=6,q=21$ 时,$(x_1,x_2)=(2,4)$,$(y_1,y_2,y_3)=(1,9,11),(3,7,11),(5,7,9)$,可搭配成 A_1 的 3 种情形.

②当 $p=8,q=19$ 时,$(x_1,x_2)=(2,6)$,$(y_1,y_2,y_3)=(1,7,11),(3,5,11),(3,7,9)$,可搭配成 A_1 的 3 种情形.

③当 $p=10,q=17$ 时,$(x_1,x_2)=(2,8),(4,6)$,$(y_1,y_2,y_3)=(1,5,11),(1,7,9),(3,5,9)$,可搭配成 A_1 的 6 种情形.

④当 $p=12,q=15$ 时,$(x_1,x_2)=(2,10),(4,8)$,$(y_1,y_2,y_3)=(1,3,11),(1,5,9),(3,5,7)$,可搭配成 A_1 的 6 种情形.

⑤当 $p=14,q=13$ 时,$(x_1,x_2)=(4,10),(6,8)$,$(y_1,y_2,y_3)=(1,3,9),(1,5,7)$,可搭配成 A_1 的 4 种情形.

⑥当 $p=16,q=11$ 时,$(x_1,x_2)=(6,10)$,$(y_1,y_2,y_3)=(1,3,7)$,可搭配成 A_1 的 1 种情形.

⑦当 $p=18,q=9$ 时,$(x_1,x_2)=(8,10)$,$(y_1,y_2,y_3)=(1,3,5)$,可搭配成 A_1 的 1 种情形.

(3)若 A_1 中有 1 个奇数和 4 个偶数,由于 M 中除

12外,其余5个偶数的和为2+4+6+8+10=30,从中去掉1个偶数,补加1个奇数,使A_1中5个数之和为27,分别得到A_1的4种情形:(7,2,4,6,8),(5,2,4,6,10),(3,2,4,8,10),(1,2,6,8,10).

综合以上讨论,可知集合A有$1+24+4=29$种情形,即M有29种"等和分划".

解法二:元素交换法.显然$\sum_{i=1}^{6}a_i=\sum_{i=1}^{6}b_i=39$,恒设$12\in A$.

①首先注意极端情况的一个分划:$A_0=\{1,2,3,10,11,12\}$,$B_0=\{4,5,6,7,8,9\}$,显然在数组$\{1,2,3\}$与$\{10,11,12\}$中,若有一组数全在A中,则另一组数必全在A中.

以下考虑10,11两数至少一个不在A中的情况,为此,考虑A_0,B_0中个数相同且和数相等的元素交换.

②$(10,1)\leftrightarrow(5,6),(4,7)$;$(10,2)\leftrightarrow(5,7),(4,8)$;$(10,3)\leftrightarrow(6,7),(5,8),(4,9)$;$(10,2,3)\leftrightarrow(4,5,6)$.共得到8对交换.

③$(11,1)\leftrightarrow(5,7),(4,8)$;$(11,2)\leftrightarrow(6,7),(5,8),(4,9)$;$(11,3)\leftrightarrow(6,8),(5,9)$;$(11,1,3)\leftrightarrow(4,5,6)$;$(11,2,3)\leftrightarrow(4,5,7)$.共得到9对交换.

④$(10,11,1)\leftrightarrow(6,7,9),(5,8,9)$;$(10,11,2)\leftrightarrow(6,8,9)$;$(10,11,3)\leftrightarrow(7,8,9)$;$(10,11,1,2)\leftrightarrow(4,5,7,8),(4,5,6,9)$;$(10,11,1,3)\leftrightarrow(4,6,7,8),(4,5,8,9)$;$(10,11,2,3)\leftrightarrow(5,6,7,8),(4,6,7,9),(4,5,8,9)$.共得到11对交换.

每对交换都能得到一个新的分划,因此,本题共得$1+8+9+11=29$种"等和分划".

27.8 【解析】考虑i在$A_1,A_2,\cdots,A_k$中出现的次数,记为d_i.一方面,固定i,可以看到对于$\{i,j\}$,其最多出现2次,故可知含i的二元子集在$A_1,A_2,\cdots,A_k$中出现最多18次.另一方面,对含i的二元子集,其贡献了4个含i的不同二元子集,故可知$4d_i\leqslant18$,解得$d_i\leqslant4$.

于是可得$5k\leqslant4\times10\Rightarrow k\leqslant8$.

当$k=8$时,我们构造如下的子集:

$A_1=\{1,2,3,4,5\}$,$A_2=\{1,6,7,8,9\}$,
$A_3=\{1,3,5,6,8\}$,$A_4=\{1,2,4,7,9\}$,
$A_5=\{2,3,6,7,10\}$,$A_6=\{3,4,7,8,10\}$,
$A_7=\{4,5,8,9,10\}$,$A_8=\{2,5,6,9,10\}$.

容易验证其满足题述条件.

故k的最大值为8.

28.25 【解析】我们看到$ax+by\equiv0(\mathrm{mod}\,11)\Rightarrow ab^{-1}\equiv-yx^{-1}(\mathrm{mod}\,11)$,其中$x^{-1}$表示满足$xx^{-1}\equiv1(\mathrm{mod}\,11)$的数.

考虑对ab^{-1}的值分组.

若$ab^{-1}\equiv2,6(\mathrm{mod}\,11)$,则为$\{2,1\},\{4,2\},\{6,3\},\{8,4\},\{10,5\},\{1,6\},\{3,7\},\{5,8\},\{7,9\},\{9,10\}$.

若$ab^{-1}\equiv3,4(\mathrm{mod}\,11)$,则为$\{3,1\},\{6,2\},\{9,3\},\{1,4\},\{4,5\},\{7,6\},\{10,7\},\{2,8\},\{5,9\},\{8,10\}$.

若$ab^{-1}\equiv5,9(\mathrm{mod}\,11)$,则为$\{5,1\},\{10,2\},\{4,3\},\{9,4\},\{3,5\},\{8,6\},\{2,7\},\{7,8\},\{1,9\},\{6,10\}$.

若$ab^{-1}\equiv7,8(\mathrm{mod}\,11)$,则为$\{7,1\},\{3,2\},\{10,3\},\{6,4\},\{2,5\},\{9,6\},\{5,7\},\{1,8\},\{8,9\},\{4,10\}$.

若$ab^{-1}\equiv10(\mathrm{mod}\,11)$,则为$\{10,1\},\{9,2\},\{8,3\},\{7,4\},\{6,5\}$.

易知第一、三组不能同时存在,第二、四组不能同时存在,于是T中最多有25个元素,构造时考虑取第一、二、五组的所有元素即可.

29.【证明】(1)我们称把集合分成k个非空子集的分划为一个k-分划.

如果n在k-分划中是一个单独的集合,则此时有$S(n-1,k-1)$种分划;如果n在k-分划中不是一个单独的集合,那么去掉元素n是$\{1,2,\cdots,n-1\}$的k-分划,而我们看到对$\{1,2,\cdots,n-1\}$的k-分划,其有k种方式加入n,故可得此时有$kS(n-1,k)$种.故可知等式成立.

(2)证法一:考虑数学归纳法.下面对n归纳,对任意的k都有
$$S(n,k)=\frac{1}{k!}\sum_{j=0}^{k}C_k^j j^n(-1)^{k-j}.$$

当$n=1$时,若$k=0,1$,容易验证等式成立;若$k\geqslant2$,则

$$\frac{1}{k!}\sum_{j=0}^{k}C_k^j j(-1)^{k-j}=\frac{1}{(k-1)!}\left[\sum_{j=1}^{k}C_{k-1}^{j-1}(-1)^{k-j}\right]$$

$$=\frac{1}{(k-1)!}(1-1)^{k-1}=0,$$

其中 $C_k^j=\dfrac{k}{j}C_{k-1}^{j-1}$.

假设取 $n-1$ 时等式成立,则当取 n 时,考虑

$$\frac{1}{(k-1)!}\sum_{j=0}^{k-1}C_{k-1}^j j^{n-1}(-1)^{k-1-j}+\frac{k}{k!}\sum_{j=0}^{k}C_k^j j^{n-1}(-1)^{k-j}$$

$$=\frac{k}{k!}\sum_{j=0}^{k-1}C_{k-1}^j j^{n-1}(-1)^{k-1-j}+\frac{k}{k!}\sum_{j=0}^{k}C_k^j j^{n-1}(-1)^{k-j}$$

$$=\frac{k}{k!}\sum_{j=0}^{k-1}\left[(C_k^j-C_{k-1}^j)\cdot j^{n-1}(-1)^{k-j}\right]+\frac{k}{k!}k^{n-1},$$

又 $C_k^j=C_{k-1}^{j-1}+C_{k-1}^j$,则

$$\frac{k}{k!}\sum_{j=0}^{k-1}\left[(C_k^j-C_{k-1}^j)\cdot j^{n-1}(-1)^{k-j}\right]+\frac{k}{k!}k^{n-1}$$

$$=\frac{k}{k!}\left[\sum_{j=0}^{k-1}C_{k-1}^{j-1}\cdot j^{n-1}(-1)^{k-j}\right]+\frac{k}{k!}k^{n-1}.$$

又 $C_k^j=\dfrac{k}{j}C_{k-1}^{j-1}$,故可得

$$\frac{k}{k!}\left[\sum_{j=0}^{k-1}C_{k-1}^{j-1}\cdot j^{n-1}(-1)^{k-j}\right]+\frac{k}{k!}k^{n-1}$$

$$=\frac{1}{k!}\sum_{j=0}^{k-1}C_k^j\cdot j^n(-1)^{k-j}+\frac{k^n}{k!}$$

$$=\frac{1}{k!}\sum_{j=0}^{k}C_k^j\cdot j^n(-1)^{k-j}.$$

于是可知 $S(n,k)=\dfrac{1}{k!}\sum_{j=0}^{k}C_k^j j^n(-1)^{k-j}$,

于是可知取 n 时等式成立.

综上,由数学归纳法可得证.

证法二:考虑 k 个盒子,我们把每个元素放进一个盒子中,于是如果每个盒子都非空,则得到一个 k-分划.记 S 为所有的放法,A_i 表示使第 i 个盒子为空的放法.

则 $S(n,k)=\dfrac{1}{k!}|\overline{A_1}\cap\overline{A_2}\cap\cdots\cap\overline{A_k}|$.

而我们看到 $|S|=k^n$,

$|A_{i_1}\cap A_{i_2}\cap\cdots\cap A_{i_s}|=(k-s)^n$,

于是由逐步淘汰原理可知

$$S(n,k)=\frac{1}{k!}|\overline{A_1}\cap\overline{A_2}\cap\cdots\cap\overline{A_k}|$$

$$=\frac{1}{k!}\sum_{j=0}^{k}(-1)^{k-j}C_k^j j^n.$$

注:我们称 $S(n,k)$ 为第一类 Stirling 数.

30.【证明】 易知 $1+4+6+7=2+3+5+8=18$,$1^2+4^2+6^2+7^2=2^2+3^2+5^2+8^2=102$,

则可得 $(8k+1)+(8k+4)+(8k+6)+(8k+7)=(8k+2)+(8k+3)+(8k+5)+(8k+8)$,

$(8k+1)^2+(8k+4)^2+(8k+6)^2+(8k+7)^2=(8k+2)^2+(8k+3)^2+(8k+5)^2+(8k+8)^2$.

考虑 $M_{k+1}=\{8k+1,\cdots,8k+8\}(k=0,1,\cdots,255)$,任选 2018 个数,则其至少填满了 224 个集合.选取其中的 150 个集合,将 $8k+1,8k+4,8k+6,8k+7$ 染红,将 $8k+2,8k+3,8k+5,8k+8$ 染蓝即可.

31.【证明】 假设结论不成立,我们将 $A_1,A_2,\cdots,A_n$ 看作 n 个顶点,对于 A_i,A_j,其相邻当且仅当存在 $a\in A$ 使得 $A_i-\{a\}=A_j-\{a\}$,并在 A_i,A_j 相连的边上标记 a.记该图为 G,容易知道图 G 无重边.由题意,每个元素 a 都标记了至少一条边,我们去掉一些边,使得每个元素恰好只标记一条边,设得到的图为 G'.

图 G' 有 n 条边,若其无圈,则至多只有 $n-1$ 条边,矛盾!故可知其存在一个圈 $A_{i_1},A_{i_2},\cdots,A_{i_k}$ $(k\geqslant3)$,而我们看到 A_{i_1} 在增减不同元素后得到了自己,矛盾!

故可知原命题成立.

32.【证明】 设 $A=\{a_1,a_2,\cdots,a_{10}\}$,我们考虑计算
$$\sum_{1\leqslant i_1<i_2<\cdots<i_{10}\leqslant99}|B_{i_1}\cup B_{i_2}\cup\cdots\cup B_{i_{10}}|.$$ 列表如下.

a_1+0	a_2+0	$\cdots$	$a_{10}+0$
a_1+1	a_2+1	$\cdots$	$a_{10}+1$
$\vdots$	$\vdots$	$\vdots$	$\vdots$
a_1+99	a_2+99	$\cdots$	$a_{10}+99$

对于元素 $i\in S$,容易知道其只在每列出现一次,故其在这个表格中出现 10 次,而每行的元素互不同余,故可知这 10 个 i 不同行不同列,于是

$$\sum_{1\leqslant i_1<i_2<\cdots<i_{10}\leqslant99}|B_{i_1}\cup B_{i_2}\cup\cdots\cup B_{i_{10}}|$$

$$=\sum_{i=0}^{99}\sum_{i\in\bigcup_{j=1}^{10}B_{ij}}1=\sum_{i=0}^{99}(C_{100}^{10}-C_{90}^{10})=100(C_{100}^{10}-C_{90}^{10}),$$

其中 $\displaystyle\sum_{i\in\bigcup_{j=1}^{10}B_{ij}}1$ 即为选择 10 行其中至少有一行有

元素 i 的种数,由容斥原理可知为 $C_{100}^{10}-C_{90}^{10}$.

由平均值原理可知只需证明 $\dfrac{100(C_{100}^{10}-C_{90}^{10})}{C_{100}^{10}}\geqslant 50$

即可.

又 $\dfrac{C_{90}^{10}}{C_{100}^{10}}=\dfrac{90\times\cdots\times 81}{100\times\cdots\times 91}<\left(\dfrac{9}{10}\right)^{10}<\dfrac{1}{2}$,

故可得结论成立.

注:本质是一个计数问题,考虑算两次的方法.

33.【证明】(1)对 $A_i\in F_k$,设 $S_i=\{B\mid A_i\subseteq B,B\in F_{k+1}\}$.下证对任意非空集合 $J\subseteq\{1,2,\cdots,C_n^k\}$,有 $\left|\bigcup_{j\in J}S_j\right|\geqslant|J|$.

为方便叙述,不妨设 $J=\{1,2,\cdots,m\}$.

考虑计算集合对 (A,B) $(A\in\{A_1,\cdots,A_m\}$, $B\in\bigcup_{j\in J}S_j)$.

对 $A_i(i=1,2,\cdots,m)$ 而言,其有 $(k+1)$ 个 $k+1$ 元子集包含它,于是可知有 $(k+1)m$ 对集合对,而对 $B\in\bigcup_{j\in J}S_j$,$\{A_1,\cdots,A_m\}$ 中至多有 $k+1$ 个能被其包含,于是可知 $(k+1)m\leqslant(k+1)\left|\bigcup_{j\in J}S_j\right|\Rightarrow\left|\bigcup_{j\in J}S_j\right|\geqslant|J|$.

于是由 Hall 定理可知 $S_1,S_2,\cdots,S_{C_n^k}$ 存在相异代表系,从而可得到题目所证结论.

(2)显然 $m\geqslant M$.下证 $M\geqslant m$.

考虑 m 条线中有 r 行,s 列,则 $r+s=m$,不妨设为前 r 行,前 s 列.

我们希望构造出 m 个互不同行不同列的 1.

记 $a_{ij}=\begin{cases}1,\text{第 }i\text{ 行第 }j\text{ 列的方格为 1}\\0,\text{第 }i\text{ 行第 }j\text{ 列的方格为 0}\end{cases}$

考虑 $S_i=\{j\mid a_{ij}=1,j>s\}(i=1,2,\cdots,r)$,若这些 S_i 中某 k 个集合的并少于 k 个元素,那么说明对应的这 k 行中在第 s 列之后的 1 所在的列少于 k 个,于是用 $k-1$ 列就可以覆盖这些 1.将这 k 行换成这 $k-1$ 列,仍可得到一个覆盖所有 1 的覆盖方式,这与最小覆盖矛盾!

故可知任意 S_i 中某 k 个集合的并都不少于 k 个

元素,于是由 Hall 定理可知 $S_1,S_2,\cdots,S_r$ 存在相异代表系 $j_1,j_2,\cdots,j_r$ $(j_i>s,i=1,2,\cdots,r)$,这说明有 r 个 1,其两两不同行不同列.

同理我们对 s 列也可做类似操作,得到 s 个 1,其两两不同行不同列,且其在第 r 行下方.

于是得到了 $r+s=m$ 个互不同行不同列的 1,

于是可知 $M\geqslant m$.

综上可知,结论成立.

34.【证明】(1)对 $A_i=\{x_1,x_2,\cdots,x_k\}$,取 A_i 的补集 $A\backslash A_i$,我们考虑对 $1,2,\cdots,n$ 作排列,使得 A_i 中的元素都在 $A\backslash A_i$ 中的元素前面,易知这有 $k!\cdot(n-k)!$ 种排列方式.

另一方面,若 A_i,A_j 互不包含,则上面得到的排列互不相同(否则若存在两个相同的排列,假设 $|A_i|\leqslant|A_j|$,则由该排列的前面的元素可知会有 $A_i\subseteq A_j$,同理当 $|A_i|>|A_j|$ 时有 $A_i\supseteq A_j$).于是可知 $A_1,A_2,\cdots,A_m$ 得到的排列互不相同,故此

$$\sum_{i=1}^{m}|A_i|!\cdot(n-|A_i|)!\leqslant n!\Rightarrow\sum_{i=1}^{m}\dfrac{1}{C_n^{|A_i|}}\leqslant 1.$$

(2)由 $\displaystyle\sum_{i=1}^{m}\dfrac{1}{C_n^{|A_i|}}\leqslant 1$ 可得 $\dfrac{m}{C_n^{[n/2]}}\leqslant 1\Rightarrow m\leqslant C_n^{[n/2]}$.

另一方面,取所有的 $\left[\dfrac{n}{2}\right]$ 元子集,可知其互不包含,于是最大值为 $C_n^{[n/2]}$.

注:本题为 1993 年全国高中数学联赛题.(1)中的不等式被称为 LYM 不等式.(2)得到的结论称为 Sperner 定理,本题给出的是其中一种证法,利用 Dilworth 定理和第 23 题(1)的结论也可以证明 Sperner 定理.Sperner 定理更一般的形式为 Bollobas 定理.

35.【证明】(1)记 $\sigma(A_i)$ 的左端点为 $\sigma(i)$,右端点为 $\sigma(i+k-1)$.

不妨设 $\sigma(A_1)\in F$,则对属于 F 的其他 $\sigma(A_i)(i\neq 1)$,要么左端点属于 $\{\sigma(2),\cdots,\sigma(k)\}$,要么右端点属于 $\{\sigma(1),\cdots,\sigma(k-1)\}$(由于 $n\geqslant 2k$,所以不会存在都属于的情形).

而因为左端点为 $\sigma(j)$ 的集合与右顶点为 $\sigma(j-1)$ 的集合不可能都在 F 中,可知至多有 $k-1+1=k$ 个 $\sigma(A)$ 中的集合也在 F 中,于是得证.

(2)一方面,由(1)可得 $|F \cap \sigma(A)| \leqslant k$,于是有

$$\sum_\sigma |F \cap \sigma(A)| \leqslant k \cdot n!.$$

而对固定的 $F_j \in F, A_i \in A$,使得 $\sigma(A_i) = F_j$ 的置换 σ 有 $k! \cdot (n-k)!$ 个.设 $|F| = m$,于是可知

$$\sum_\sigma |F \cap \sigma(A)| = mn \cdot k! \cdot (n-k)!.$$

于是 $mn \cdot k! \cdot (n-k)! \leqslant k \cdot n! \Rightarrow m \leqslant C_{n-1}^{k-1}.$

另一方面,取元素 1 和 $\{2,\cdots,n\}$ 的所有 $k-1$ 元子集,可得到 C_{n-1}^{k-1} 个两两交非空的 k 元子集,故可知最大值为 C_{n-1}^{k-1}.

注:本题的证明方法被称为 Katona Circle Method. 读者可以考虑所有取等的情形.

36.【证明】证法一:若有 2 个学生的第 1,2 题得分相同,那么很容易知道其满足要求.下面考虑 49 个学生两两之间的第 1,2 题得分至少有一道不同.

我们用一个整点 (i,j) 表示一个学生的第 1,2 题得分情况,其中 i,j 分别为其第 1,2 题得分.于是这 49 个学生对应的整点互不相同.记

$M_1 = \{(i,j) \mid i,j \text{ 为整数}, 0 \leqslant i \leqslant 7, j=0 \text{ 或 } i=7, 1 \leqslant j \leqslant 7\}$,

$M_2 = \{(i,j) \mid i,j \text{ 为整数}, 0 \leqslant i \leqslant 6, j=1 \text{ 或 } i=6, 2 \leqslant j \leqslant 7\}$,

$M_3 = \{(i,j) \mid i,j \text{ 为整数}, 0 \leqslant i \leqslant 5, j=2 \text{ 或 } i=5, 3 \leqslant j \leqslant 7\}$,

$M_4 = \{(i,j) \mid i,j \text{ 为整数}, 0 \leqslant i \leqslant 4, j=3 \text{ 或 } i=4, 4 \leqslant j \leqslant 7\}$,

$M_5 = \{(i,j) \mid i,j \text{ 为整数}, i=2,3, 4 \leqslant j \leqslant 7\}$,

$M_6 = \{(i,j) \mid i,j \text{ 为整数}, i=0,1, 4 \leqslant j \leqslant 7\}$.

我们把 $\{(i,j) \mid i,j \text{ 为整数}, 0 \leqslant i \leqslant 7, 0 \leqslant j \leqslant 7\}$ 分成了 6 组.

对于 49 个不同的整点,由抽屉原理可知至少有 9 个点在同一个集合中,而我们看到 $|M_5| = |M_6| = 8$,故可知这 9 个点只能出现在 $M_1,\cdots,M_4$ 中的某个集合中,而第 3 题的得分为 $0,1,\cdots,7$ 这 8 种,故由抽屉原理可知这 9 个点对应的 9 个同学中至少有 2 个同学的第 3 题得分相同,取这 2 个同学即满足题意.

综上得证!

证法二:我们利用反链来考虑.

设 $(i_1, j_1, k_1) \prec (i_2, j_2, k_2)$ 当且仅当 $i_1 \leqslant i_2, j_1 \leqslant j_2, k_1 \leqslant k_2$,则本题即证明任取 $\{(i,j,k) \mid 0 \leqslant i,j,k \leqslant 7, i,j,k \in \mathbf{N}\}$ 中的 49 个点,其存在 2 个点满足上面定义的偏序关系.

于是我们只需考虑构造一个最长反链即可.考虑 $S_t = \{(i,j,k) \mid 0 \leqslant i,j,k \leqslant 7, i,j,k \in \mathbf{N}, i+j+k=t\}$.

当 $t \leqslant 7$ 时,该集合的元素个数为 $(t+1) + \cdots + 1 = \frac{(t+1)(t+2)}{2} \leqslant 36$.

当 $8 \leqslant t \leqslant 14$ 时,该集合的元素个数为 $(15-t) + (16-t) + \cdots + 8 + 7 + \cdots + (t-6) = -t^2 + 21t - 62 \leqslant 48$.

当 $15 \leqslant t \leqslant 21$ 时,则该集合的元素个数为 $(t-14) + \cdots + (22-t) \leqslant 36$.

易知 S_t 中的元素无偏序关系,于是可得 $\{(i,j,k) \mid 0 \leqslant i,j,k \leqslant 7, i,j,k \in \mathbf{N}\}$ 的最长反链为 $t=10$ 时得到的点集,共 48 个元素.

由 Dilworth 定理,可知 $\{(i,j,k) \mid 0 \leqslant i,j,k \leqslant 7, i,j,k \in \mathbf{N}\}$ 可分划为 48 条不相交的链,任取 49 个点,必有 2 个元素在一条链上,故得证.

注:在证法二中我们用偏序关系给出本题一个直接的解答,而且证明了 49 就是最小的.

37.【证明】(1)因为 U 是上闭的,于是 U_2 中的每个元素 X, $X \cup \{n\} \in U$,于是 $X \cup \{n\} \in U_1$,即可知得证.

(2)我们考虑对 n 用数学归纳法.

当 $n=1$ 时,$U = \{\varnothing, \{1\}\}, \{\{1\}\}, D = \{\varnothing, \{1\}\}, \{\varnothing\}$,一一验证即可知结论成立.

假设 $n-1$ 时结论成立,设 U_1, U_2 是 U 的一个分划,其中 U_1 是 U 中所有含 n 的集合组成,U_2 是 U 中所有不含 n 的集合组成,则由(1)知 $|U_1| \geqslant |U_2|$.

同理设 D_1, D_2 是 D 的一个分划,其中 D_1 是 D 中所有含 n 的集合组成,D_2 是 D 中所有不含 n 的集合组成,可知 $|D_1| \leqslant |D_2|$.

记 $U_1' = \{X \setminus \{n\} \mid X \in U_1\}, D_1' = \{X \setminus \{n\} \mid X \in D_1\}$,则可知 $|U_1'| = |U_1|, |D_1'| = |D_1|$.于是 $|U| \cdot |D| = (|U_1| + |U_2|) \cdot (|D_1| + |D_2|)$

$$= 2(|U_1| \cdot |D_1| + |U_2| \cdot |D_2|) + (|U_1| - |U_2|) \cdot (|D_2| - |D_1|)$$

$$\geq 2(|U_1| \cdot |D_1| + |U_2| \cdot |D_2|)$$

$$= 2(|U_1'| \cdot |D_1'| + |U_2| \cdot |D_2|).$$

可以看到 U_1', U_2 均为 $\{1, 2, \cdots, n-1\}$ 的上闭集，D_1', D_2 均为 $\{1, 2, \cdots, n-1\}$ 的下闭集，由归纳假设可知

$$2(|U_1'| \cdot |D_1'| + |U_2| \cdot |D_2|)$$

$$\geq 2(2^{n-1}|U_1' \cap D_1'| + 2^{n-1}|U_2 \cap D_2|)$$

$$= 2^n(|U_1' \cap D_1'| + |U_2 \cap D_2|)$$

$$= 2^n(|U_1 \cap D_1| + |U_2 \cap D_2|)$$

$$= 2^n|U \cap D|,$$

故可知 n 时结论成立.

故由数学归纳法得证.

38.【证明】 我们考察一个元素 i，如果其不在一个集合 A 中，则对任意 $x \in A$，$\{i, x\}$ 恰好被一个集合包含，于是可知 i 至少出现了 $|A|$ 次.

设 r_x 表示 $x \in S$ 在 $A_1, A_2, \cdots, A_m$ 中出现的次数，则可知对 $x \notin A_i \Rightarrow r_x \geq |A_i|$，

若 $m < n$，则 $n r_x > m|A_i| \Rightarrow n(m - r_x) < m(n - |A_i|)$. 记 J_x 是由 $A_1, A_2, \cdots, A_m$ 中不含元素 x 的集合组成的集合. 于是有

$$1 = \sum_{x \in S} \frac{1}{n} = \sum_{x \in S} \sum_{A_i \in J_x} \frac{1}{n(m - r_x)}$$

$$> \sum_{x \in S} \sum_{A_i \in J_x} \frac{1}{m(n - |A_i|)} = \sum_{i=1}^{m} \sum_{x \notin A_i} \frac{1}{m(n - |A_i|)}$$

$$= \sum_{i=1}^{m} \frac{1}{m} = 1,$$

矛盾！故可知 $m \geq n$.

注：本题的证明相当精妙. 如果 S 为 $\mathbf{R}^2$ 上的有限点集，则可得如果平面上 n 点不在一条线上，那么至少经过两点的不同直线至少有 n 条.

39.【证明】 我们考虑将集合与向量对应，对向量 $\boldsymbol{\alpha}_i \in \mathbf{R}^n$，其第 j $(j = 1, 2, \cdots, n)$ 个分量的值为

$$\begin{cases} 1, j \in A_i, \\ 0, j \notin A_i, \end{cases}$$ 那么易知 $|\boldsymbol{\alpha}_i| = |A_i|$，

且对 $i \neq j$，$\boldsymbol{\alpha}_i \cdot \boldsymbol{\alpha}_j = |A_i \cap A_j| = \lambda$.

若存在 $|A_i| = \lambda$，不妨设为 A_1，则 $A_1 \subseteq A_i$ $(i = 1,$

$2, \cdots, m)$，又 $|A_i \cap A_j| = \lambda$ $(2 \leq i < j \leq m)$，故可知 $(A_i \backslash A_1) \cap (A_j \backslash A_1) = \varnothing$ $(2 \leq i < j \leq m)$，于是可知 $m \leq 1 + n - \lambda \leq n$.

若 $|A_i| > \lambda$ $(i = 1, 2, \cdots, m)$，$m > n$，则由已知结论可知存在不全为 0 的实数 $k_1, k_2, \cdots, k_m$，使得

$$k_1 \boldsymbol{\alpha}_1 + k_2 \boldsymbol{\alpha}_2 + \cdots + k_m \boldsymbol{\alpha}_m = \boldsymbol{0},$$

于是 $|k_1 \boldsymbol{\alpha}_1 + k_2 \boldsymbol{\alpha}_2 + \cdots + k_m \boldsymbol{\alpha}_m|^2 = 0$

$$\Rightarrow \sum_{i=1}^{m} k_i^2 |\boldsymbol{\alpha}_i|^2 + 2 \sum_{1 \leq i < j \leq m} k_i k_j \boldsymbol{\alpha}_i \cdot \boldsymbol{\alpha}_j = 0.$$

又 $\boldsymbol{\alpha}_i \cdot \boldsymbol{\alpha}_j = \lambda$ $(i \neq j)$，故可得

$$0 = \sum_{i=1}^{m} k_i^2 |\boldsymbol{\alpha}_i|^2 + 2\lambda \sum_{1 \leq i < j \leq m} k_i k_j$$

$$> \lambda^2 \sum_{i=1}^{m} k_i^2 + 2\lambda \sum_{1 \leq i < j \leq m} k_i k_j$$

$$\geq \lambda \left(\sum_{i=1}^{m} k_i^2 + 2 \sum_{1 \leq i < j \leq m} k_i k_j \right)$$

$$= \lambda \left(\sum_{i=1}^{m} k_i \right)^2,$$

矛盾！故 $m \leq n$.

综上得证.

注：利用代数方法解决组合问题是一种很重要的解题思路，例如，我们在这里把集合问题转化为向量问题.

Fisher 不等式并没有给我们一个取等条件，在 $\lambda = 1$ 时，De Bruijin 和 Erdös 给出了完整的取等条件.

40.【证明】(1) 先考虑 B 的构造：对正整数 $b \in B$，可以看到对任意公差 d，存在正整数 N_d，使得 $b + dN_d \in A$. 考虑到对任意 d 都成立，那么取 $n!$，而为了消去 b，只需配一个 n 即可.

取 $A = \{n + n! \mid n \in \mathbf{N}\}$，取 $B = \mathbf{N}^* \backslash A$，先证明 A 中不存在 3 个成等差数列的数，即 $(i! + i) + (k! + k) = 2(j! + j)$ $(i < j < k)$ 不成立.

考虑 $k! + k - (j! + j) \geq j \cdot j! + 1 > j! > j! + j - (i! + i)$，易知得证.

另一方面，假设存在无穷的等差数列，设首项为 a，公差为 b. 取 $n = a + kb$ 得 $a + kb > b$，则可得

$$a + bm = (a + kb)! + a + kb$$

$$\Rightarrow b(m - k) = (a + kb)!,$$

又 $n > b$，故可知存在 m 使得 $a + bm \in A$，矛盾！

综上,结论成立.

(2)对于一个等比数列,考虑其首项 a 和公比 q,其可由 (a,q) 唯一表示,我们将 (a,q) 作如下的排列:$(1,2),(2,1),(1,3),(2,2),(3,1),\cdots$,对应的等比数列设为 $s_1,s_2,\cdots$.

考虑以下操作:在 s_1 中取一个数 a_1,在 s_2 中取一个数 $a_2>a_1$,在 s_3 中取一个数 $a_3>\dfrac{a_2^2}{a_1}$,$\cdots$,在 s_k 中取一个数 $a_k>\dfrac{a_{k-1}^2}{a_{k-2}}$,$\cdots$.

于是我们得到 $a_1,a_2,\cdots$.

取 $A=\{a_1,a_2,\cdots\}$,$B=\mathbf{N}^*\backslash A$,下证其满足题意.

首先,每一个等比数列都有一项在 A 中,故 B 中没有无穷项可为等比数列.

其次,我们知道对任意 $a_i,a_j,a_k\in A(i<j<k)$,$\dfrac{a_j}{a_k}\geqslant\dfrac{a_{k+1}}{a_k}>\dfrac{a_k}{a_{k-1}}\geqslant\dfrac{a_k}{a_i}$,故无 3 个成等比数列的数.

综上,结论成立.

注:本题第(2)问证明是相当具有启发性和一般性的.值得一提的是无论怎么分划,总会有一个集合包含任意长的等差数列,这被称为 Van der Waerden 定理.

第7章 有理数与无理数

1.【证明】 任取 $a,b,c\in M$,且 a,b,c 互不相等,则

$a^2+b\sqrt{2}$,$b^2+a\sqrt{2}$,$c^2+a\sqrt{2}$,$c^2+b\sqrt{2}\in\mathbf{Q}$.

因此 $a^2+b\sqrt{2}-(b^2+a\sqrt{2})=(a-b)(a+b-\sqrt{2})$

$=\dfrac{1}{2}(a\sqrt{2}-b\sqrt{2})(a\sqrt{2}+b\sqrt{2}-2)\in\mathbf{Q}$.

$c^2+a\sqrt{2}-(c^2+b\sqrt{2})=(a\sqrt{2}-b\sqrt{2})\in\mathbf{Q}$.

从而 $a\sqrt{2}+b\sqrt{2}-2\in\mathbf{Q}$,所以 $a\sqrt{2}+b\sqrt{2}\in\mathbf{Q}$,

所以 $a\sqrt{2}=\dfrac{1}{2}(a\sqrt{2}+b\sqrt{2}+a\sqrt{2}-b\sqrt{2})\in\mathbf{Q}$.

2.【分析】 $n\alpha=n\cdot\dfrac{r}{s}$.当 $s=1$ 时,结论显然成立.

当 $s>1$ 时,若 $1\leqslant n\leqslant s-1$,则由 $\dfrac{r}{s}>1$,可知 $1\leqslant n\alpha$

$\leqslant r-\dfrac{r}{s}<r-1$,即 $1\leqslant[n\alpha]<r-1$,结论成立;若 n

$\geqslant s$,令 $n=qs+k(0\leqslant k\leqslant s-1,q\in\mathbf{N}^*)$,则 $n\alpha=qr$

$+k\alpha,[n\alpha]=qr+[k\alpha]$,又转化为前面情形的讨论.

【证明】 分两种情形讨论.

(1)若 $s=1$,则 $N_\alpha=\{rn\mid n=1,2,\cdots\}$.

因为 $r>1$,所以结论显然成立.

(2)若 $s>1$,则因 $\dfrac{r}{s}>1$,有

$1\leqslant\left[\dfrac{r}{s}\right]<\left[\dfrac{2r}{s}\right]<\cdots<\left[\dfrac{(s-1)r}{s}\right]=r+\left[-\dfrac{r}{s}\right]<$

$r-1.$ ①

任取 $m=[n_0\alpha]\in N_\alpha$,

令 $n_0=qs+k(0\leqslant k\leqslant s-1)$,则

$$[n_0\alpha]=[qr+k\alpha]=qr+[k\alpha],$$
$$m+1=[n_0\alpha]+1=qr+[k\alpha]+1. \qquad ②$$

但由不等式①,有 $0\leqslant[k\alpha]<r-1$,

即 $1\leqslant[k\alpha]+1<r$.

于是,由②式可知 $r\nmid m+1$.

综上,命题成立.

3.【证明】 证法一:假设 $\sqrt{2}$ 不是无理数,则 $\sqrt{2}$ 是有理数.

令 $\sqrt{2}=\dfrac{p}{q}$(p,q 互质且 $p\neq0,q\neq0,p,q\in\mathbf{N}$),

两边平方得 $2=\left(\dfrac{p}{q}\right)^2$,即 $2=\dfrac{p^2}{q^2}$.

通过移项,得到 $2q^2=p^2$.

于是 p^2 必为偶数,因此 p 必为偶数.

令 $p=2m$,则 $p^2=4m^2$,即 $2q^2=4m^2$,

化简得 $q^2=2m^2$,于是 q^2 必为偶数,因此 q 必为偶数.

综上,q 和 p 都是偶数,这与互质矛盾!

故 $\sqrt{2}$ 是无理数.

证法二:令 $x=\sqrt{2}$,则 $x^2-2=0$.显然该整系数方程可能的有理根为 $\pm2,\pm\dfrac{1}{2}$,而 $\pm2,\pm\dfrac{1}{2}$ 都不是正解,故方程只有无理根,所以 $\sqrt{2}$ 为无理数.

点评:同样可以证明 $\sqrt[n]{2}(n\geqslant3)$ 均为无理数.像 π,e 为无理数的证明需要用另外的方法,在此不作讨论.值得说明的是,证明无理数是一个很困难的问题.

4. 128 【解析】20 以内的质数共有 8 个：2，3，5，7，11，13，17，19．每个质数或在分子中出现或在分母中出现，但不能同时在分子、分母中出现，因此可构造 2^8 个既约分数 $\dfrac{p}{q}$ 满足 $pq=20!$，其中在 0 与 1 之间的既约分数占一半（$\dfrac{p}{q}$ 与 $\dfrac{q}{p}$ 中恰有一个小于 1）．答案为 $2^7=128$ 个．

5. 【证明】将 $(n+1)^2$，$(n+2)^2$，$\cdots$，$(n+100)^2$ 这 100 个数排成下表：

$$
\begin{array}{cccc}
(n+1)^2 & (n+2)^2 & \cdots & (n+10)^2 \\
(n+11)^2 & (n+12)^2 & \cdots & (n+20)^2 \\
& & \cdots\cdots & \\
(n+91)^2 & (n+92)^2 & \cdots & (n+100)^2
\end{array}
$$

因为 k^2 与 $(k+10)^2$ 的个位数字相同，所以表中每一列的 10 个数的个位数字皆相同，因此，将这 100 个数相加，和的个位数字是 0．

所以 $a_{n+100}=a_n$ 对任意自然数 n 成立．

这说明 $0.a_1a_2\cdots a_n\cdots$ 是循环小数，因而是有理数．

6. 88 【解析】$a_n=k(k\in \mathbf{Z})$ 等价于 $k-\dfrac{1}{2}\leqslant \sqrt{n}\leqslant k+\dfrac{1}{2}$，即 $k^2-k<n\leqslant k^2+k$，故 k 在数列 $\{a_n\}$ 中出现 $2k$ 次，因此在 $\left(\dfrac{1}{a_1}+\dfrac{1}{a_2}\right)+\left(\dfrac{1}{a_3}+\dfrac{1}{a_4}+\dfrac{1}{a_5}+\dfrac{1}{a_6}\right)+\cdots+\left(\dfrac{1}{a_{44\cdot 43+1}}+\dfrac{1}{a_{44\cdot 43+2}}+\cdots+\dfrac{1}{a_{44\cdot 45}}\right)$ 中，每个括号内的和都等于 $2k\cdot\dfrac{1}{k}=2$，则所求式子的值为 $44\times 2=88$．

7. 【证明】因为对正整数 k 及整数 $s\geqslant 0$，有

$$
\begin{aligned}
&\left(1+\dfrac{1}{k}\right)\left(1+\dfrac{1}{k+1}\right)\cdots\left(1+\dfrac{1}{k+s}\right)\\
&=\dfrac{k+1}{k}\cdot\dfrac{k+2}{k+1}\cdot\cdots\cdot\dfrac{k+s}{k+s-1}\cdot\dfrac{k+s+1}{k+s}\\
&=\dfrac{k+s+1}{k}=1+\dfrac{s+1}{k}. \qquad\qquad ①
\end{aligned}
$$

而正有理数 $w-1$ 总能表示为 $w-1=\dfrac{m}{n}$（m,n 为正整数，不要求互质）的形式，取 $n>g$，则只要在①式中取 $k=n,s=m-1$，此时①式右边等于 w．

8. 【证明】设 $A\in(0,1)$，A 中出现的数字为 $i_1,i_2,\cdots,i_k$，如果每个数字重复出现的周期分别是 $T_1,T_2,$ $\cdots,T_k$，这些周期的最小公倍数为 T，则易见 T 个数字的数组将周期性地重复，因而 A 为循环小数，即为有理数，与 A 为无理数矛盾．于是原命题得证．

9. 1 【解析】考虑 $\dfrac{2021}{1+\sqrt{2}+\sqrt{3}+\sqrt{6}}=\dfrac{2021}{(1+\sqrt{2})(1+\sqrt{3})}$

$=\dfrac{2021}{2}(\sqrt{2}-1)(\sqrt{3}-1)=\dfrac{2021}{2}(\sqrt{6}-\sqrt{3}-\sqrt{2}+1)$，

于是 $x=\dfrac{2021}{2}$，$y=-\dfrac{2021}{2}$，$z=\dfrac{2021}{2}$，$w=\dfrac{2021}{2}$，

故有 1 组．

10. 24 【解析】设 $p,q(p,q>2012)$ 为正整数，满足 $\dfrac{2013}{2012}=\dfrac{p+1}{p}\cdot\dfrac{q+1}{q}\Rightarrow p=2012+\dfrac{2012\times 2013}{q-2012}$，

$2012\times 2013=2^2\times 3\times 11\times 61\times 503$，

于是其正因数个数为 $3\times 2^4=48$ 个，

而 p,q 等价，于是可知表示方法共有 24 种．

11. 24 【解析】$x=\sqrt{3}+\sqrt{2}\Rightarrow (x-\sqrt{3})^2=2\Rightarrow x^2+1=2\sqrt{3}x\Rightarrow x^4-10x^2+1=0$，而 $\sqrt{2}+\sqrt{3}$ 不为二次整系数多项式、三次整系数多项式的零点，

故有 $f(x)=(x+a)(x^4-10x^2+1)$．

易知 $-8(a+1)-8(a+3)=0\Rightarrow a=-2$，

于是有 $f(-1)=24$．

12. 1 【解析】设 $a_n=k$，则可知

$\left|k-\sqrt{\dfrac{n}{2}}\right|\leqslant\dfrac{1}{2}\Rightarrow\left(k-\dfrac{1}{2}\right)^2\leqslant\dfrac{n}{2}\leqslant\left(k+\dfrac{1}{2}\right)^2$，

$(2k-1)^2\leqslant 2n\leqslant(2k+1)^2$

$\Rightarrow 2k^2-2k+1\leqslant n\leqslant 2k^2+2k$，

故可知 $\displaystyle\sum_{n=2k^2-2k+1}^{2k^2+2k}\dfrac{1}{a_n}=\dfrac{4k}{k}=4$．又 $\sqrt{50}\approx 7.07$，

于是可得 $S_{100}=4\times 7-\dfrac{12}{7}=26\dfrac{2}{7}$．

设 $b_n=k$，则可知

$|k-\sqrt{2n}|\leqslant\dfrac{1}{2}\Rightarrow k^2-k+\dfrac{1}{4}\leqslant 2n\leqslant k^2+k+\dfrac{1}{4}$

$\Rightarrow k^2-k+2\leqslant 2n\leqslant k^2+k$，

故可知 $\displaystyle\sum_{n=\frac{1}{2}(k^2-k)+1}^{\frac{1}{2}(k^2+k)}\dfrac{1}{b_n}=\dfrac{k}{k}=1$．

又 $\sqrt{200}\approx 14.14$，于是 $T_{100}=1\times 14-\dfrac{5}{14}=13\dfrac{9}{14}$．

那么 $2T_{100}-S_{100}=26+\dfrac{9}{7}-26-\dfrac{2}{7}=1$．

13. $\dfrac{16}{17}$　【解析】若 x 为有理数，则设 $x=\dfrac{a}{a+\lambda}$，$a,\lambda\in$

$\mathbf{N}^{*}$，$(a,\lambda)=1$，

于是 $\dfrac{7}{8}<\dfrac{a}{a+\lambda}<\dfrac{8}{9}\Rightarrow 7\lambda<a<8\lambda$.

又 $(a,a+\lambda)=(a,\lambda)=1$，

故 $f(x)=\dfrac{a+1}{a+\lambda}=1-\dfrac{\lambda-1}{a+\lambda}$.

若 $\lambda=1$，则 a 不存在；若 $\lambda\geqslant 2$，则当 $a=8\lambda-1$ 时

取最大值，此时值为 $\dfrac{8\lambda}{9\lambda-1}$，当 $\lambda=2$ 时取得最大

值 $\dfrac{16}{17}$.

又 x 为无理数时，$f(x)=x<\dfrac{8}{9}<\dfrac{16}{17}$，故最大值

为 $\dfrac{16}{17}$.

14. 205　【解析】设 $\sqrt{\dfrac{16n+17}{n+8}}=\dfrac{b}{a}\,((b,a)=1)$，则

$16a^{2}n+17a^{2}=b^{2}n+8b^{2}\Rightarrow n=\dfrac{8b^{2}-17a^{2}}{16a^{2}-b^{2}}=\dfrac{111a^{2}}{16a^{2}-b^{2}}-8$.

而 $16a^{2}-b^{2}>0$，$(a^{2},16a^{2}-b^{2})=(a^{2},b^{2})=1$，

于是可知 $16a^{2}-b^{2}\mid 111\Rightarrow(4a-b)(4a+b)\mid 111$.

那么可知

$\begin{cases}4a-b=1,\\4a+b=37,\end{cases}\begin{cases}4a-b=3,\\4a+b=37,\end{cases}\begin{cases}4a-b=1,\\4a+b=111,\end{cases}$

解得 $\begin{cases}a=5,\\b=17,\end{cases}\begin{cases}a=14,\\b=55,\end{cases}$ 对应的 n 为 17,188,

和为 205.

15. 3449　【解析】首先 $\sqrt{2}\,n-1<m<\sqrt{2}\,(n+1)$.

记 $I_{n}=(\sqrt{2}\,n-1,\sqrt{2}\,(n+1))$，

又 $\sqrt{2}\,(n+2)-1>\sqrt{2}\,n+\sqrt{2}$，

于是 $I_{i}\cap I_{j}=\varnothing\,(|i-j|\geqslant 2)$，

而 $I_{n}\cap I_{n+1}=(\sqrt{2}\,(n+1)-1,\sqrt{2}\,(n+1))$，

于是可知 $I_{n}\cap I_{n+1}$ 中恰好有一个整数.

当 $\sqrt{2}\,n-1>2021$，即 $n\geqslant 1430$ 时，$\sqrt{2}\,(n+1)>$

$2021\Rightarrow n\geqslant 1429$，于是 $\{1,2,\cdots,2021\}\subseteq\bigcup\limits_{n=1}^{1429}I_{n}$，

那么对每个 m，存在 I_{n} 使得 $m\in I_{n}$，如果 $n\leqslant$

1428，则 m 恰出现了 2 次.

故可知 (m,n) 共有 $2021+1428=3449$ 组.

16. 【证明】若其为有理数，设为 x，则 $\sqrt{a}+\sqrt{b}+\sqrt{c}=x$

$\Rightarrow a+b+2\sqrt{ab}=x^{2}+c-2x\sqrt{c}$，于是可知 $\sqrt{ab}+$

$x\sqrt{c}$ 为有理数，于是可得 $\sqrt{abc}$ 为有理数，

而 a,b,c 为正整数，于是可知其必为正整数.

设 $abc=m^{2}$，则 $\sqrt{ab}+x\sqrt{c}=\dfrac{m}{\sqrt{c}}+x\sqrt{c}=\dfrac{m+xc}{c}\sqrt{c}$，于

是可知必有 $m+xc=0$，这由 $m,x,c>0$ 可知不成立.

综上，$\sqrt{a}+\sqrt{b}+\sqrt{c}$ 为无理数.

17. 【证明】假设存在 3 个有理点 $A_{i}(x_{i},y_{i})\,(i=1,2,$

$3)$，考虑 $A_{i}A_{j}$ 的中垂线，有

$(x_{i}-x_{j})\left(x-\dfrac{x_{i}+x_{j}}{2}\right)+(y_{i}-y_{j})y=\dfrac{y_{i}^{2}-y_{j}^{2}}{2}$.

可以看到 $A_{2}A_{3}$，$A_{1}A_{2}$ 的中垂线的系数都为有理

数，其交点必为有理点，但交点为 (a,b)，矛盾！

于是得证.

18. 【证明】设 $\dfrac{1}{p}$ 小数点后前 2019 位小数组成的 2019(或

更少)位数为 A，第 2020 位数字为 B，则 $\dfrac{a}{b}=\dfrac{A}{10^{2019}}+$

$10\left(\dfrac{1}{p}-\dfrac{A}{10^{2019}}-\dfrac{B}{10^{2020}}\right)=\dfrac{pA+10^{2020}-10pA-pB}{10^{2019}p}$.

于是可知 $10^{2019}pa=b(pA+10^{2020}-10pA-pB)$，

又 $p>5$，故 $p\nmid pA+10^{2020}-10pA-pB$，于是 $p\mid b$.

19. 【证明】对 f,p 用带余除法，记 $f(x)=p(x)g(x)$

$+r(x)$，其中 $\deg r<\deg p$.($\deg$ 表示多项式的

次数)

而 $f(a)=p(a)=0\Rightarrow r(a)=0$，这只能是 $r\equiv 0$，

于是命题得证.

20. 无理点更多　【解析】设正五边形的边长为 a，对

角线长为 b. 由正五边形的性质易得 $\dfrac{a}{b}=\dfrac{\sqrt{5}-1}{2}$，

于是 $\dfrac{a^{2}}{b^{2}}=\dfrac{3-\sqrt{5}}{2}$.

假设有理点更多，则至少有三个有理点，则这 3

个点之间的距离必同时包含 a,b，而有理点之间

的距离的平方为有理数，故比值为有理数，矛盾！

所以无理点更多.

21. 【证明】给出 A 和 B 的构造：

$A=\left\{\dfrac{q}{p}\in\mathbf{Q}:p\in\mathbf{Z}^{*},q\in\mathbf{Z}\backslash\{0\},(p,q)=1,v_{2}(p)\right.$

$$\not\equiv v_2(q)(\bmod 2)\Big\},$$

$$B=\Big\{\frac{q}{p}\in\mathbf{Q}\colon p\in\mathbf{Z}^*,q\in\mathbf{Z}\backslash\{0\},(p,q)=1,v_2(p)$$

$$\equiv v_2(q)(\bmod 2)\Big\}\bigcup\{0\}.$$

这里 $v_2(p),v_2(q)$ 分别为 p,q 所包含的 2 的幂次.

显然 A,B 满足 $A\cap B=\varnothing,A\cup B=\mathbf{Q},\forall x,y\in A$ $\Rightarrow xy\in B$,且 $\forall x,y\in B\Rightarrow xy\in B$.

对任意整数 $n,\dfrac{2n+1}{2}\in A,\dfrac{4n+1}{4}\in B$,

所以 $(n,n+1)$ 与 A,B 交集均非空.

故这样的构造满足条件要求.

22.【证明】设 x 为其中一个数,由题意,剩下的 4 个数为 $\dfrac{r}{x}$ 或 $r-x$ 的形式,其中 r 为有理数.

若其中有 2 个数为 $\dfrac{r}{x}$ 的形式,设为 $\dfrac{r_1}{x},\dfrac{r_2}{x}$,则可知

$\dfrac{r_1+r_2}{x}\in\mathbf{Q}$ 或 $\dfrac{r_1r_2}{x^2}\in\mathbf{Q}$,均可得 x^2 为有理数.

若至多一个数为 $\dfrac{r}{x}$ 的形式,则有 3 个数为 $r-x$ 的形式,设为 r_1-x,r_2-x,r_3-x.

若存在 $r_i-x+r_j-x\in\mathbf{Q}(i\neq j)$,则 $x\in\mathbf{Q}$,此时结论成立;

若不存在 $r_i-x+r_j-x\in\mathbf{Q}(i\neq j)$,

则 $(r_i-x)(r_j-x)\in\mathbf{Q}(i\neq j)$,于是有

$(r_1r_2-r_2r_3)-(r_1-r_3)x=(r_1-r_3)(r_2-x)\in\mathbf{Q}$,

又 $r_1\neq r_3$,故可知 $x\in\mathbf{Q}$,此时结论成立.

综上,x^2 为有理数,故得证.

23.【证明】设 $T=[1,2,\cdots,n]$,m_1 是 $1,2,\cdots,n$ 中含有 2 的幂次最大的一项,不妨设 $m_1=2^a u$,其中 u 为奇数.

若存在 $m_2=2^a v$,其中 v 为奇数,$v>u$,

则 $m_2-m_1=2^a(v-u)\geqslant 2^{a+1}$,

于是在 $m_1+1,\cdots,m_2$ 这些数中,必存在一项能被 2^{a+1} 整除,这与幂次的最大性矛盾!

故可知 $1,2,\cdots,n$ 含有 2 的幂次最大的一项只有一项,设为 m. 于是 $\dfrac{T}{i}$ 只有在 $i=m$ 时为奇数,

其余均为偶数,那么 $1+\dfrac{1}{2}+\cdots+\dfrac{1}{n}$ 的分子为奇数,而分母为偶数,故其不为整数.

24.【证明】假设不成立,不妨设满足 $a<S_n-[S_n]<b$ 的下标 n 为 $n_1<n_2<\cdots<n_k$.

由调和级数的性质可知 S_n 无界,设 $N_0=\Big[\dfrac{1}{(b-a)}\Big]+1$,取 m 足够大,使得存在 $n>\max\{n_k,N_0\}$,满足 $S_n\leqslant m+a$,于是设满足 $S_n\leqslant m+a$ 最大的 n 为 N_1(因为 S_n 无界,故 N_1 是存在的),则 $S_{N_1+1}>m+a$,但

$$m\leqslant m+a<S_{N_1+1}=\dfrac{1}{N_1+1}+S_{N_1}$$

$$<m+a+b-a=m+b,$$

而这说明 $a<S_{N_1+1}-[S_{N_1+1}]<b$,矛盾!

综上,原命题得证.

注:其实只要注意到 S_n 很大时不会一下跨过 $m+a,m+b$ 即可,相当显然的事实,剩下都是为了严谨的说明.

25.【证明】考虑 $0,\{x\},\{2x\},\cdots,\{Nx\}\in[0,1]$($\{x\}$ 表示 x 的小数部分),由抽屉原理可知必然有 2 个数属于某个区间 $\Big[\dfrac{k-1}{N},\dfrac{k}{N}\Big]$,不妨设为 $\{ix\}$,$\{jx\}(i<j)$,则

$$|\{ix\}-\{jx\}|\leqslant\dfrac{1}{N}\Rightarrow|(j-i)x-([jx]-[ix])|\leqslant\dfrac{1}{N},$$

取 $k=j-i,h=[jx]-[ix]$,可知满足题意.

故得证.

26.【证明】(1)首先由 Dirichlet 定理可知,对任意正整数 N,均存在整数 p 和 $0<q\leqslant N$,使得

$$|qx-p|<\dfrac{1}{N}\Rightarrow\Big|x-\dfrac{p}{q}\Big|<\dfrac{1}{Nq}\leqslant\dfrac{1}{q^2}$$(由于 x 为无理数,所以 Dirichlet 逼近定理的等号不成立).

假设对任意正整数 N,只有有限个有理数 $\dfrac{p}{q}$ 满足 $\Big|x-\dfrac{p}{q}\Big|<\dfrac{1}{Nq}$,于是 $\Big|x-\dfrac{p}{q}\Big|<\dfrac{1}{N}$,则必然存在一个有理数 $\dfrac{p_1}{q_1}$,使得有无穷多个正整数 N 满足 $\Big|x-\dfrac{p_1}{q_1}\Big|<\dfrac{1}{N}$,由此可知 $x=\dfrac{p_1}{q_1}$,这与无理数

矛盾!

综上,存在无穷多个不同的有理数 $\frac{p}{q}$,使得存在

正整数 $N \geqslant q$ 满足 $\left|x - \frac{p}{q}\right| < \frac{1}{Nq}$,存在无穷多个

不同的有理数 $\frac{p}{q}$,满足 $\left|x - \frac{p}{q}\right| < \frac{1}{q^2}$.

(2)由于 x 为无理数,于是可知存在无穷多个不

同的有理数 $\frac{p}{q}$,满足 $\left|x - \frac{p}{q}\right| < \frac{1}{q^2}$,即 $|qx - p| <$

$\frac{1}{q}$,于是可知对任意 $0 < \varepsilon < 1$,存在有理数 $\frac{p}{q}$,满

足 $|qx - p| < \varepsilon$.

若 $qx > p \Rightarrow 0 < \{qx\} < \varepsilon$,则设正整数 N 满足

$\frac{1}{N+1} < \{qx\} < \frac{1}{N}$.

考虑 $\{qx\}, \cdots, \{Nqx\} \in [0,1]$,又 $\{qx\} < \frac{1}{N}$,

于是可知 $\{iqx\} = i\{qx\}(i = 1, \cdots, N)$,

又 $1 - \{Nqx\} = 1 - N\{qx\} < \frac{1}{N+1} < \{qx\}$,

于是可将 $[0,1]$ 分划成 $N+1$ 个小区间 $[0, \{qx\}]$,

$[\{iqx\}, \{(i+1)qx\}](i = 1, \cdots, N-1)$,$[\{Nqx\}, 1]$,

且每个区间的长度不超过 $\{qx\}$,

于是可知实数 α 存在于某个区间内,即存在正整

数 k 使得 $|\{kqx\} - \alpha| < \varepsilon$,故此时结论得证.

$qx < p$ 时操作同理.

综上,结论得证.

注:对无理数 x,$\{nx\}$ 是重要的研究对象.在这里

我们介绍了 Kronecker 定理,说明了任意实数

$\alpha \in [0,1]$ 都可被无理数 $\{nx\}$ 逼近,这说明其在

$[0,1]$ 上稠密.Kronecker 定理更一般的结果为

Weyl 均等分布定理.

(1)的结论可以有一个更简单的表述:任意 $\varepsilon > 0$,

存在整数 q, p,满足 $0 < |qx - p| < \varepsilon$.

27.【证明】若存在 $x \in \mathbf{N}^*$,使得 $x \notin \{[n\alpha] \mid n = 1, 2,$

$\cdots\} \bigcup \{[n\beta] \mid n = 1, 2, \cdots\}$,则设

$k_1 = \max_k \{k\alpha < x\}, k_2 = \max_k \{k\beta < x\}$,

于是 $k_1\alpha < x < (k_1+1)\alpha, k_2\beta < x < (k_2+1)\beta$,

从而有

$x \neq [(k_2+1)\beta] \Rightarrow x+1 \leqslant [(k_2+1)\beta] < (k_2+1)\beta$.

同理可将 $x+1 < (k_1+1)\alpha$,于是

$k_1 + k_2 < x\left(\frac{1}{\alpha} + \frac{1}{\beta}\right) = x$,

$k_1 + k_2 > (x+1)\left(\frac{1}{\alpha} + \frac{1}{\beta}\right) - 2 = x - 1$,

矛盾!

若存在 $x \in \{[n\alpha] \mid n = 1, 2, \cdots\} \bigcap \{[n\beta] \mid n = 1, 2, \cdots\}$,

则存在 k_1, k_2 使得 $x = [k_1\alpha] = [k_2\beta]$,于是

$k_1\alpha - 1 < x < k_1\alpha, k_2\beta - 1 < x < k_2\beta$,

从而可知 $x < k_1 + k_2 < x+1$,故而矛盾!

综上,结论成立.

28.【证明】(1)设 $T = \frac{a}{b}$,其中 $a, b \in \mathbf{N}^*$,$(a, b) = 1$,由

Bezont 定理可知存在整数 x, y,使得 $ax + by = 1$,

于是 $\frac{1}{b} = \frac{ax+by}{b} = x \cdot \frac{a}{b} + y = xT + y$.

而 $T, 1$ 为 $f(x)$ 的周期,则可知 $\frac{1}{b}$ 为周期,又 $b > 1$,取

b 的素因子 p,$b = pm$,则 $\frac{1}{pm}$ 为周期,故可知 $\frac{1}{p}$ 为

周期.

(2)证法一:设 $a_1 = T, a_{n+1} = 1 - \left[\frac{1}{a_n}\right]a_n$.

由 $0 < a_n\left[\frac{1}{a_n}\right] < 1$,可知 $a_n \in (0, 1)$.

又 $a_{n+1} = \frac{1}{a_n} \cdot a_n - \left[\frac{1}{a_n}\right]a_n = \left\{\frac{1}{a_n}\right\} \cdot a_n < a_n$,故其

单调递减.

容易由归纳知 a_n 为周期.

综上,结论得证.

证法二:易知 $\{nT\}(n \in \mathbf{N}^*)$ 均为 $f(x)$ 的周期,由

Kronecker 定理可知对任意 $k \in \mathbf{N}^*$,存在正整数

n_k 满足 $\{n_kT\} < \frac{1}{k}$,于是可得一个单调递减的数

列 $\{N_kT\}(k = 1, 2, \cdots)$,故结论成立.

29.【证明】易知 $2\cos 2\theta = 4\cos^2\theta - 2 = (2\cos\theta)^2 - 2$,

$2\cos 3\theta = 8\cos^3\theta - 6\cos\theta = (2\cos\theta)^3 - 3(2\cos\theta)$.

设多项式 $f_n(x)$ 满足 $f_n(2\cos\theta) = 2\cos n\theta$,则有

$2\cos(n+1)\theta + 2\cos(n-1)\theta = (2\cos\theta)(2\cos n\theta)$,

于是可知 $f_{n+1}(x) + f_{n-1}(x) = x f_n(x)$,

易得 f_n 为整系数多项式,且最高次项系数为 1.

对 $2\cos\dfrac{p}{q}\pi$，考虑 $2\cos 2p\pi=2$，则 $2\cos\dfrac{p}{q}\pi$ 为

$f_{2q}(x)=2$ 的一个根，而其首项系数为 1，于是可知其

必为整数根.

而 $\left|2\cos\dfrac{p}{q}\pi\right|\leqslant 2$，于是 $\left|2\cos\dfrac{p}{q}\pi\right|=0,1,2$，故得证.

第8章 复 数

1. $-5+5\mathrm{i}$ 【解析】由题意可知 $z_{n+2}=\overline{z_{n+1}}\cdot\mathrm{i}^{n+1}=$

$z_n\cdot\mathrm{i}^{-n}\cdot\mathrm{i}^{n+1}=z_n\cdot\mathrm{i}$，于是 $z_{99}=z_1\cdot\mathrm{i}=3\mathrm{i}-2$，

$z_{100}=z_2\cdot\mathrm{i}^{49}=-\overline{z_1}=-3+2\mathrm{i}$，

故 $z_{99}+z_{100}=-5+5\mathrm{i}$.

2. $\sqrt{65}$ 【解析】$(z+\overline{w})(\overline{z}-w)=7+4\mathrm{i}\Rightarrow \overline{w}z-wz-|w|^2=-2+4\mathrm{i}$，又 $\overline{w}z-wz=-2\mathrm{Im}(wz)\mathrm{i}$，故可知 $\mathrm{Im}(wz)=-2,|w|^2=2$，于是 $(z+2\overline{w})(\overline{z}-2w)=|z|^2+2\overline{(wz-wz)}-4|w|^2=1+8\mathrm{i}$，故模长为 $\sqrt{65}$.

3. $1-\mathrm{i}$ 【解析】由题意有

$|z_1|^2=|z_1-2z_2|^2$

$\Rightarrow z_1\cdot\overline{z_1}=z_1\cdot\overline{z_1}-2(z_1\cdot\overline{z_2}+z_2\cdot\overline{z_1})+4|z_2|^2$

$\Rightarrow |z_2|^2=\dfrac{1}{2}(\overline{z_1}\cdot z_2+z_1\cdot\overline{z_2})=\sqrt{3}$.

于是 $\dfrac{z_1}{z_2}=\dfrac{1}{|z_2|^2}\cdot z_1\cdot\overline{z_2}=1-\mathrm{i}$.

4. $\dfrac{2}{3}\sqrt{6}$ 【解析】设 $z=\cos\theta+\mathrm{i}\sin\theta$，则

$|z^2-2z+3|=|z|\cdot\left|z-2+\dfrac{3}{z}\right|$

$=|(4\cos\theta-2)-2\mathrm{i}\sin\theta|$

$=\sqrt{12\cos^2\theta-16\cos\theta+8}=\sqrt{12\left(\cos\theta-\dfrac{2}{3}\right)^2+\dfrac{8}{3}}$，

故可知最小值为 $\dfrac{2}{3}\sqrt{6}$.

5. $\sqrt{10}$ 【解析】我们考虑几何意义（如答图）. 设 A 代表 z，则 A 在 $y=x$ 上（第一象限）. 设 $B(x,0)$，$C(2,1)$，容易知道原式等价于 $|AB|+|BC|+|CA|$ 的最小值.

考虑 C 关于 $y=x$ 和 x 轴的对称点 C',C''，则易知 $|AB|+|BC|+|CA|=|AC'|+|AB|+|BC''|\geqslant$ $|C'C''|=\sqrt{10}$，

故最小值为 $\sqrt{10}$.

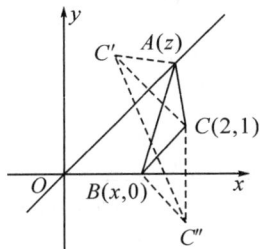

第5题答图

6. $(\sqrt{2},3\sqrt{2}]$ 【解析】$\mathrm{Re}\left(\dfrac{z+\mathrm{i}}{z-2-\mathrm{i}}\right)=0\Leftrightarrow\arg(z+\mathrm{i})$ $=\arg(z-2-\mathrm{i})\pm\dfrac{\pi}{2}$，设 $A(0,-1),B(2,1),C(3,2)$，z 在复平面上代表的点为 P（如答图），则可知 $PA\perp PB$，于是 P 在以 AB 为直径的圆上（除去点 B）. 设 M 为 AB 的中点，于是 PC 的取值范围为 $(\sqrt{2},3\sqrt{2}]$（C 在直线 AB 上）.

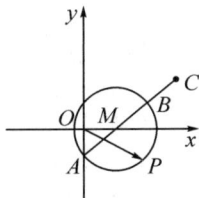

第6题答图

7. $\dfrac{1}{2}\pm\dfrac{\sqrt{3}}{2}\mathrm{i}$ 【解析】由已知得 $|z|=|z-1|=1$，解得 $z=\dfrac{1}{2}\pm\dfrac{\sqrt{3}}{2}\mathrm{i}$. 显然这两个解满足题设条件.

8. $3\sqrt{3}$ 【解析】设 $A\left(a,\dfrac{1}{a}\right),B\left(b,\dfrac{1}{b}\right),C\left(c,\dfrac{1}{c}\right)$（如答图），对应的复数为 z_1,z_2,z_3，则

$z_2-z_1=\mathrm{e}^{\frac{\pi}{2}\mathrm{i}}(z_3-z_2)\Rightarrow\begin{cases}b-a=\dfrac{1}{b}-\dfrac{1}{c},\\[2mm]\dfrac{1}{b}-\dfrac{1}{a}=c-b.\end{cases}$

由两式相除可得 $b^2=-\dfrac{1}{ac}$，

则 $b+\dfrac{1}{b^2c}=\dfrac{1}{b}-\dfrac{1}{c}\Rightarrow c=\dfrac{1+b^2}{b-b^3}$，

又 $S_{\triangle ABC}=\dfrac{1}{2}AB^2=\dfrac{1}{2}\left[(c-b)^2+\left(\dfrac{1}{c}-\dfrac{1}{b}\right)^2\right]$

$=\dfrac{(b^4+1)^3}{b^2(b^4-1)^2}$.

记 $f(t)=\dfrac{(t^2+1)^3}{t(t^2-1)^2}$，

则 $f'(t)=\dfrac{(t^4-10t^2+1)(t^2+1)^2}{t^2(t^2-1)^3}$,

于是可知当 $t^4-10t^2+1=0 \Rightarrow t^2=5+2\sqrt{6} \Rightarrow t=\sqrt{3}+\sqrt{2}$ 时,

f 取得最小值 $\dfrac{(6+2\sqrt{6})^3}{(\sqrt{3}+\sqrt{2})(4+2\sqrt{6})^2}=3\sqrt{3}$, 易知容易取等, 故最小值为 $3\sqrt{3}$.

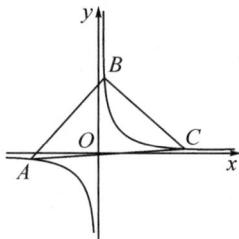

第8答图

注: 用复数来解决解析几何问题, 特别是对一些涉及角度的问题, 是一种很常见的手段.

9. $\dfrac{n}{2^{n-1}}$ 【解析】考虑单位根 $z_k=\mathrm{e}^{\frac{2k\pi i}{n}}$ $(k=1,\cdots,n-1)$, 则 $x^{n-1}+x^{n-2}+\cdots+x+1=(x-z_1)\cdots(x-z_{n-1})$.

令 $x=1$, 则 $n=(1-z_1)\cdots(1-z_{n-1})$, 又

$|1-z_k|=\sqrt{\left(1-\cos\dfrac{2k\pi}{n}\right)^2+\sin^2\dfrac{2k\pi}{n}}=\sqrt{2-2\cos\dfrac{2k\pi}{n}}$

$=2\sin\dfrac{k\pi}{n}$,

于是可知 $\displaystyle\prod_{k=1}^{n-1}\sin\dfrac{k\pi}{n}=\dfrac{n}{2^{n-1}}$.

10. ABD 【解析】考虑 $f(x)=x^5-1$, 容易知道 z_1, $\cdots$, z_5 为其所有根, 则 $f'(x)=5x^4=\displaystyle\prod_{1\le i_1<i_2<i_3<i_4\le 5}(x-z_{i_1})(x-z_{i_2})(x-z_{i_3})(x-z_{i_4})$.

于是可知 $a_i=5z_i^4$, 于是可知 $a_1=5$, $a_1\cdots a_5=5^5$, $a_1 a_3 a_4=125$, $a_2 a_4^2=25\mathrm{e}^{\frac{56}{5}\pi i}$.

注: 高中数学里我们并没有严格定义复数域下的导数, 在解答中我们考虑了复数域上的求导, 可以将其简单地看作一种形式求导或是恒等式.

11. 11 【解析】考虑 $f(x)=x^2+x+2=(x-z_1)(x-z_2)$, 则

$f(w)f(w^2)f(w^3)f(w^4)$

$=(z_1-w)(z_1-w^2)(z_1-w^3)(z_1-w^4)\cdot(z_2-w)(z_2-w^2)(z_2-w^3)(z_2-w^4)$.

我们知道 $x^4+x^3+x^2+x+1=\displaystyle\prod_{i=1}^4(x-w^i)$,

于是 $\displaystyle\prod_{i=1}^4(z_1-w^i)=z_1^4+z_1^3+z_1^2+z_1+1$

$=z_1^2(z_1^2+z_1+1)+z_1+1$

$=-z_1^2+z_1+1=2z_1+3$,

则原式 $=(2z_1+3)(2z_2+3)=4z_1 z_2+6(z_1+z_2)+9=11$.

12. 【证明】(1) 若 $n\nmid k$, 则原式 $=\dfrac{1}{n}\cdot\dfrac{\omega_n^k-\omega_n^{k(n+1)}}{1-\omega_n^k}=0$. 若 $n\mid k$, 则 $\omega_n^k=1$, 于是可知原式为 1.

(2) $\displaystyle\sum_{k=0}^m [n\mid k]a_k=\dfrac{1}{n}\sum_{k=0}^m a_k\sum_{i=0}^{n-1}\omega_n^{ik}=\dfrac{1}{n}\sum_{i=0}^{n-1}\sum_{k=0}^m a_k\omega_n^{ik}$

$=\dfrac{1}{n}\displaystyle\sum_{i=0}^{n-1}f(\omega_n^i)$.

注: 这是一个相当常用的恒等式.

13. 【证明】考虑反证法.

假设 $\mathrm{Re}(\alpha)>\dfrac{1+\sqrt{5}}{2}$, 则 $|\alpha|>\dfrac{1+\sqrt{5}}{2}$. 考虑

$|\alpha^n+a_{n-1}\alpha^{n-1}|=|a_{n-2}\alpha^{n-2}+a_{n-3}\alpha^{n-3}+\cdots+a_1\alpha+a_0|$

$\le|\alpha|^{n-2}+|\alpha|^{n-3}+\cdots+|\alpha|+1=\dfrac{|\alpha|^{n-1}-1}{|\alpha|-1}<\dfrac{|\alpha|^{n-1}}{|\alpha|-1}$.

于是可知 $|\alpha+a_{n-1}|<\dfrac{1}{|\alpha|-1}\le\dfrac{\sqrt{5}+1}{2}\Rightarrow\mathrm{Re}(\alpha+a_{n-1})\le\dfrac{\sqrt{5}+1}{2}$, 则 $\mathrm{Re}(\alpha)\le\dfrac{1+\sqrt{5}}{2}$, 矛盾!

综上, 结论成立.

14. 【证明】对 $z_1\ne z_2$, $|z_1|<1$, $|z_2|<1$, 考虑

$|f(z_1)-f(z_2)|=\left|a_1(z_1-z_2)+\displaystyle\sum_{k=2}^n a_k(z_1^k-z_2^k)\right|$

$=|z_1-z_2|\cdot\left|a_1+\displaystyle\sum_{k=2}^n a_k(z_1^{k-1}+z_1^{k-2}z_2+\cdots+z_2^{k-1}z_1+z_2^k)\right|$

$\ge|z_1-z_2|\cdot\left(|a_1|-\displaystyle\sum_{k=2}^n|a_k(z_1^{k-1}+z_1^{k-2}z_2+\cdots+z_2^{k-1}z_1+z_2^k)|\right)$

$\ge|z_1-z_2|\cdot\left(|a_1|-\displaystyle\sum_{k=2}^n k|a_k|\right)>0$,

故可知 $f(z_1) \neq f(z_2)(z_1 \neq z_2)$.

于是可知结论成立.

注：本题来源于第十四届大学生数学竞赛（数学类）决赛.

15.【证明】考虑证明逆否命题，即证明：若 $|a_1| > 2$，则 $|a_n| > 2(n = 1, 2, \cdots)$.

进一步，考虑数学归纳法证明：若 $|a_1| > 2$，则 $|a_{n+1}| > |a_n|$.

首先 $|a_2| = \left| \left(z + \dfrac{1}{z}\right)^2 - 2 \right| > \left| z + \dfrac{1}{z} \right|^2 - 2 >$

$\left| z + \dfrac{1}{z} \right| = |a_1|$，假设对所有小于 n 的正整数，结论成立，则 $n+1$ 时有

$$a_{n+1} = \left(z + \dfrac{1}{z}\right)\left(z^n + \dfrac{1}{z^n}\right) - \left(z^{n-1} + \dfrac{1}{z^{n-1}}\right),$$

$$|a_{n+1}| = \left| \left(z + \dfrac{1}{z}\right) a_n - a_{n-1} \right| \geq \left| z + \dfrac{1}{z} \right| \cdot |a_n|$$

$$- |a_{n-1}| > 2|a_n| - |a_{n-1}| > |a_n|.$$

于是可知 $n+1$ 时结论成立.

故由数学归纳法可知结论成立.

16.【证明】（1）设解为 y_1, y_2, y_3，则由韦达定理可知

$y_1 + y_2 + y_3 = 0, y_1^2 + y_2^2 + y_3^2 = -2p$，于是有

$y_1^2 + y_1 y_2 + y_2^2 = -p$

$\Rightarrow (y_1 - y_2 e^{\frac{2}{3}\pi i})(y_1 - y_2 e^{-\frac{2}{3}\pi i}) = -p$.

令 $y_1 - y_2 e^{\frac{2}{3}\pi i} = s$，

$y_1 - y_2 e^{-\frac{2}{3}\pi i} = t \Rightarrow y_1 = \dfrac{s+t}{2} - \dfrac{\sqrt{3}}{6}(s-t)i, y_2 = \dfrac{\sqrt{3}}{3}(s-t)i$，其中 $st = -p$，

于是 $y_3 = -\dfrac{1}{2}(s+t) - \dfrac{\sqrt{3}}{6}(s-t)i$.

令 $z_1 = \dfrac{\sqrt{3}}{3}si, z_2 = -\dfrac{\sqrt{3}}{3}ti$，则 $y_1 = z_1 e^{\frac{2}{3}\pi i} + z_2 e^{-\frac{2}{3}\pi i}$，

$y_2 = z_1 + z_2, y_3 = z_1 e^{\frac{4}{3}\pi i} + z_2 e^{-\frac{4}{3}\pi i}$，其中 $z_1 z_2 = -\dfrac{p}{3}$.

综上，结论成立.

（2）由（1）可知解的形式为 $z_1 + z_2, z_1 e^{\frac{2}{3}\pi i} +$

$z_2 e^{-\frac{2}{3}\pi i}, z_1 e^{\frac{4}{3}\pi i} + z_2 e^{-\frac{4}{3}\pi i}$，不妨设 $z_1 + z_2 \in \mathbf{R}$（这是轮换的），又 $z_1 z_2 = -\dfrac{p}{3}$，则 z_1, z_2 要么都为实数，要么为一对共轭复数.

若 z_1, z_2 都为实数，则只有一个解为实数，除非 $z_1 = z_2$，此时解为 $2z_1, 2z_1 \cos \dfrac{2\pi}{3}, 2z_1 \cos \dfrac{4\pi}{3}$，其中 $z_1 = \pm \sqrt{-\dfrac{p}{3}}$，故结论成立（负数时取 $\theta = 3\pi$ 即可）；

若 z_1, z_2 为一对共轭复数，则设 $z_1 = re^{\frac{\theta}{3}i}$，此时解为 $2r \cos \dfrac{\theta}{3}, 2r \cos \dfrac{\theta + 2\pi}{3}, 2r \cos \dfrac{\theta + 4\pi}{3}$，而 $z_1 z_2 = -\dfrac{p}{3}$，故可知 $r = \sqrt{-\dfrac{p}{3}}$，则可知结论成立.

注：对方程①的解，我们可以考虑 Cardano 公式的方法. 令 $y = \lambda - \dfrac{p}{3\lambda}$，代入有 $\lambda^6 + q\lambda^3 - \dfrac{p^3}{27} = 0$，

于是可得 $(\lambda^3)_{1,2} = -\dfrac{q}{2} \pm \sqrt{\left(\dfrac{q}{2}\right)^2 + \left(\dfrac{p}{3}\right)^3}$，解得 λ 即可得到 y，进而得到 x.

然而 Cardano 公式有一个重要的"缺陷"，例如，对 $q = 4, p = -6$，一方面，可以看到 $\lambda^3 = -2 \pm \sqrt{-4}$，$\sqrt{-4}$ 该怎么求，另一方面，方程 $y^3 - 6y + 4 = 0 \Rightarrow (y-2)(y^2 + 2y - 2) = 0$，其有三个实数解，如何解决 $\sqrt{-4}$ 就成了一个重要的问题，这是历史上人们引入复数的一个关键原因.

17. $\sqrt{2}$ **【解析】**考虑

$$z + \dfrac{2}{z} \in \mathbf{R} \Rightarrow z + \dfrac{2}{z} = \bar{z} + \dfrac{2}{\bar{z}}$$

$$\Rightarrow z - \bar{z} = \dfrac{2}{\bar{z}} - \dfrac{2}{z} = \dfrac{2(z - \bar{z})}{|z|^2},$$

又 $\text{Im}(z) \neq 0$，于是 $z - \bar{z} = 2\text{Im}(z)i \neq 0$，

故 $|z| = \sqrt{2}$.

18. $\dfrac{\sqrt{3}}{2}$ **【解析】**容易得到 $z_1 = (1 \pm \sqrt{3}i)z_2 = 2e^{\pm \frac{\pi}{3}i}z_2$，

于是可知 $|z_2| = 1, z_1, z_2$ 的夹角为 $\dfrac{\pi}{3}$，

故 $S_{\triangle AOB} = \dfrac{\sqrt{3}}{2}$.

19. 1 **【解析】**由韦达定理可知 $x_1 x_2 = \dfrac{c}{a}$，于是

$$\dfrac{x_1^2}{x_2} \in \mathbf{R} \Rightarrow \left(\dfrac{c}{a}\right)^2 \cdot \dfrac{1}{x_2^3} \in \mathbf{R} \Rightarrow x_2^3 \in \mathbf{R}.$$

又 x_2 为虚数，于是 $x_2 = re^{\frac{2}{3}\pi i}$ 或 $re^{\frac{4}{3}\pi i}$.

又 x_1, x_2 共轭，所以 $\dfrac{x_1}{x_2} = e^{\frac{4}{3}\pi i}$ 或 $e^{\frac{2}{3}\pi i}$.

故可知 $\left(\dfrac{x_1}{x_2}\right)^2 + \left(\dfrac{x_1}{x_2}\right) + 1 = 0$，$\left(\dfrac{x_1}{x_2}\right)^3 = 1$，

于是 $\displaystyle\sum_{k=0}^{2022}\left(\dfrac{x_1}{x_2}\right)^k = 1$.

20. $\dfrac{5}{2}$，$\dfrac{3}{2}$　【解析】考虑

$$|(z_1+z_2)^2| + |z_1^2+z_2^2| \geqslant 2|z_1z_2|,$$

$$|(z_1+z_2)^2| + 2|z_1z_2| \geqslant |z_1^2+z_2^2|,$$

可知 $\dfrac{3}{2} \leqslant |z_1z_2| \leqslant \dfrac{5}{2}$.

当 $z_1 = \dfrac{1-\sqrt{7}}{2}$，$z_2 = \dfrac{1+\sqrt{7}}{2}$ 时，取最小值；

当 $z_1 = \dfrac{\sqrt{10}}{2}$，$z_2 = \dfrac{-4+3\mathrm{i}}{\sqrt{10}}$ 时，取最大值.

21. $\dfrac{\sqrt{13}-1}{2}$　【解析】设 $z=a+b\mathrm{i}$，则 $a\geqslant1$，代入表达式

有 $\left|\dfrac{1}{z}+1+\mathrm{i}\right| = \left|\left(\dfrac{a}{a^2+b^2}+1\right) + \left(1-\dfrac{b}{a^2+b^2}\right)\mathrm{i}\right|$

$= \sqrt{\left(\dfrac{a}{a^2+b^2}+1\right)^2 + \left(1-\dfrac{b}{a^2+b^2}\right)^2} = \sqrt{\dfrac{1+2a-2b}{a^2+b^2}+2}.$

令 $1+2a-2b=t$，则

$$\dfrac{1+2a-2b}{a^2+b^2} = \dfrac{4t}{t^2-(4a+2)t+8a^2+4a+1}$$

$$= \dfrac{4}{t+\dfrac{8a^2+4a+1}{t}-(4a+2)}$$

$$\geqslant -\dfrac{2}{\sqrt{8a^2+4a+1}+2a+1}$$

$$\geqslant -\dfrac{2}{\sqrt{13}+3} = \dfrac{3-\sqrt{13}}{2}.$$

于是可知原式 $\geqslant \sqrt{\dfrac{7-\sqrt{13}}{2}} = \dfrac{\sqrt{13}-1}{2}$，当 $a=1$，

$b = \dfrac{3+\sqrt{13}}{2}$ 时，等式成立.

22. $3\sqrt{3}$　【解析】设 $z=\cos\theta+\mathrm{i}\sin\theta$，则

$$|z^3-3z-2|^2 = |(z+1)^2(z-2)|^2$$

$$= [(\cos\theta+1)^2 + (\sin\theta)^2]^2 [(\cos\theta-2)^2+(\sin\theta)^2]$$

$$= (2+2\cos\theta)^2(5-4\cos\theta)$$

$$\leqslant \left(\dfrac{4+4\cos\theta+5-4\cos\theta}{3}\right)^3 = 27,$$

故最大值为 $3\sqrt{3}$，当 $\cos\theta=\dfrac{1}{2}$ 时，等式成立.

23. $-\dfrac{3}{2}$　【解析】设 $z=a+b\mathrm{i}$，则 $a^2+b^2=1$.

设实根为 x_0，则 $ax_0^2+2ax_0+2=0$，$bx_0^2-2bx_0=0$.

当 $b=0$ 时，$a=\pm1$，验证可知 $a=-1$ 成立；

若 $b\neq0$，则当 $x_0=0$ 时，方程显然不成立.

于是 $x_0=2$. 此时 $a=-\dfrac{1}{4}$，故可知 $z=-\dfrac{1}{4}\pm\dfrac{\sqrt{15}}{4}\mathrm{i}$.

综上，满足条件的复数 z 的和为 $-\dfrac{3}{2}$.

24. i　【解析】我们知道 l 即为原点 O 和 $(2,2)$ 连成的线段的中垂线，于是 $l:y=-x+2$，则可知其对称点为 $(0,1)$，复数表示为 i.

25. $\sqrt{17}$　【解析】设 $A(2,0)$，$B(0,2)$，P 为 z 在复平面上代表的点.

取 $C\left(\dfrac{1}{2},0\right)$（如答图），则 $\dfrac{AE}{CE}=\dfrac{AD}{DC}=2$，

于是可知 $\odot O$ 为阿氏圆，则可知 $\dfrac{AP}{PC}=2$. 可得

$$2\left(|z-2\mathrm{i}|+\dfrac{1}{2}|z-2|\right) = 2(PB+PC) \geqslant 2BC = \sqrt{17}.$$

故最小值为 $\sqrt{17}$.

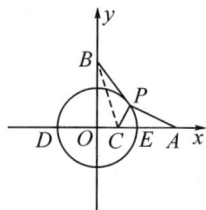

第 25 题答图

26. 5　【解析】易知 $|z-2|=|\mathrm{Re}(z)+2|$ 的轨迹为抛物线（如答图），其中 $F(2,0)$ 为焦点.

设 $A(3,1)$，P 代表 z 在复平面上的点，则原题即求 $PA+PF$ 的最小值.

考虑 P,A 在准线的投影为 P',B，则 $PA+PF = PA+PP' \geqslant AB = 5$，

故最小值为 5.

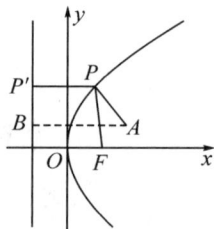

第 26 题答图

27. $2-2\sqrt{2}$ 【解析】由 $\mathrm{Re}\left(\dfrac{z}{z-2}\right)=0\Rightarrow\arg z=$

$\arg(z-2)\pm\dfrac{\pi}{2}$. 设 $A(1,0),B(0,1)$（如答图），则

可知 z 在 A 为圆心，OA 为半径的圆上．

又 $|z|^2-2\mathrm{Im}(z)=\mathrm{Re}(z)^2+(\mathrm{Im}(z)-1)^2-1$，

故可知最小值为 $(\sqrt{2}-1)^2-1=2-2\sqrt{2}$．

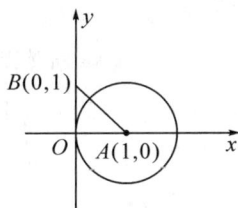

第27题答图

28. $3x^2-2\sqrt{3}xy+y^2-8x-8\sqrt{3}y=0$

【解析】设点 P 对应的复数为 $z=\dfrac{t^2}{4}+ti$，则点 P'

对应的复数为

$$e^{\frac{\pi}{3}i}z=\left(\frac{1}{2}+\frac{\sqrt{3}}{2}i\right)\left(\frac{t^2}{4}+ti\right)$$

$$=\left(\frac{t^2}{8}-\frac{\sqrt{3}}{2}t\right)+\left(\frac{\sqrt{3}}{8}t^2+\frac{1}{2}t\right)i,$$

于是 $\begin{cases}x=\dfrac{t^2}{8}-\dfrac{\sqrt{3}}{2}t,\\ y=\dfrac{\sqrt{3}}{8}t^2+\dfrac{1}{2}t\end{cases}\Rightarrow\begin{cases}t=\dfrac{1}{2}y-\dfrac{\sqrt{3}}{2}x,\\ t^2=2x+2\sqrt{3}y,\end{cases}$ 故可知轨

迹方程为 $3x^2-2\sqrt{3}xy+y^2-8x-8\sqrt{3}y=0$．

29. $2:\sqrt{5}:\sqrt{5}$ 【解析】设 $u=z_1-z_2,v=z_2-z_3,$

$w=z_3-z_1$，则有

$$2u^2+3v^2+2(u+v)^2=0$$

$$\Rightarrow 4u^2+4uv+5v^2=0\Rightarrow u=\frac{-1\pm 2i}{2}v,$$

于是 $w=-u-v=-\dfrac{1\pm 2i}{2}v\Rightarrow|u|:|v|:|w|=$

$\sqrt{5}:2:\sqrt{5}$．将答案由小到大书写即可．

30. $\sqrt{3}+1$ 【解析】设 $A(0,1),B(-1,0),C(1,0)$

（如答图），P 代表 z 在复平面上的点．我们知道

当取费马点时定点到三角形三个顶点的距离之

和最小，于是可知当 $\angle APB=\angle BPC=\angle APC$

$=120°$ 时，取得最小值，计算可得 $AP+BP+CP$

$=1+\sqrt{3}$．

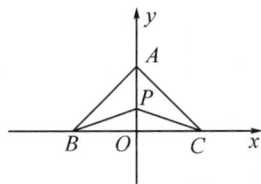

第30题答图

31. $\dfrac{7}{8}$ 【解析】记 $w=e^{\frac{\pi}{7}i}$，于是 $w^7=-1$．

$$\text{原式}=\left(1+\frac{w+w^{-1}}{2}\right)\left(1+\frac{w^3+w^{-3}}{2}\right)\left(1+\frac{w^5+w^{-5}}{2}\right)$$

$$=\frac{1}{8}(w+w^{-1}+2)(w^3+w^{-3}+2)(w^5+w^{-5}+2)$$

$$=\frac{1}{8}(-w^6+w^5-w^4+w^3-w^2+w+6).$$

又 $w^6-w^5+w^4-w^3+w^2-w+1=0$，

于是原式$=\dfrac{7}{8}$．

32. $\dfrac{2021}{2}(1-i)$ 【解析】设 $y_k=\dfrac{1}{x_k+i}\Rightarrow x_k=\dfrac{1}{y_k}-i$，

于是 $\left(\dfrac{1}{y}-i\right)^{2021}=1\Rightarrow(1-iy)^{2021}=y^{2021}$

$\Rightarrow(1+i)y^{2021}-2021y^{2020}+\cdots=0$．

由韦达定理可知 $\displaystyle\sum_{k=1}^{2021}y_k=\dfrac{2021}{1+i}=\dfrac{2021}{2}(1-i)$．

33. -1 【解析】$f^{(2023)}(x)=0$ 的所有根为 $t_1,t_2,\cdots,$

t_m，则 $f^{(2023)}(f(x))=0$ 的根为 $f(x)=t_i(i=1,$

$\cdots,m)$ 的所有根，而由韦达定理可知两个根的平

均值为 -1，故所有的根的平均值为 -1．

34. $\dfrac{2^{3n}+2\cdot(-1)^n}{3}$ 【解析】考虑 $(1+x)^{3n}=C_{3n}^{3n}x^{3n}$

$+C_{3n}^{3n-1}x^{3n-1}+\cdots+C_{3n}^1x+C_{3n}^0$，令 $x=1,\omega,\omega^2(\omega$

$=e^{\frac{2\pi i}{3}})$，则有 $2^{3n}=C_{3n}^{3n}+C_{3n}^{3n-1}+\cdots+C_{3n}^1+C_{3n}^0$，

$(1+\omega)^{3n}=C_{3n}^{3n}+\omega^2 C_{3n}^{3n-1}+\omega C_{3n}^{3n-2}+\cdots+\omega^2 C_{3n}^2+$

$\omega C_{3n}^1+C_{3n}^0$，

$(1+\omega^2)^{3n}=C_{3n}^{3n}+\omega C_{3n}^{3n-1}+\omega^2 C_{3n}^{3n-2}+\cdots+\omega^2 C_{3n}^2+$

$\omega^2 C_{3n}^1+C_{3n}^0$．

相加有 $2^{3n}+(1+\omega)^{3n}+(1+\omega^2)^{3n}=3(C_{3n}^{3n}+C_{3n}^{3n-3}$

$+\cdots+C_{3n}^3+C_{3n}^0)$，又 $2^{3n}+(1+\omega)^{3n}+(1+\omega^2)^{3n}$

$=2^{3n}+e^{n\pi i}+e^{-n\pi i}=2^{3n}+2\cdot(-1)^n$，

故答案为 $\dfrac{2^{3n}+2\cdot(-1)^n}{3}$．

35. 1 【解析】设 $z_1=1+i,z_2=3+i,z_3=2+i$，则

$\arctan 1+\arccos\dfrac{3}{\sqrt{10}}+\arcsin\dfrac{1}{\sqrt{5}}$

$=\arg z_1+\arg z_2+\arg z_3$,

又 $z_1z_2z_3=(1+\mathrm{i})(2+\mathrm{i})(3+\mathrm{i})=(1+3\mathrm{i})(3+\mathrm{i})$

$=10\mathrm{i}$,故可知 $\arg z_1+\arg z_2+\arg z_3=\dfrac{\pi}{2}$,

于是原式的值为 1.

36. 25 【解析】设单位圆上的 5 个点对应的复数为

z_1,z_2,z_3,z_4,z_5,则所求式子为

$$\sum_{1\le i<j\le 5}|z_i-z_j|^2=\sum_{1\le i<j\le 5}(2-z_i\cdot\overline{z_j}-z_j\cdot\overline{z_i}),$$

又 $|z_1+z_2+z_3+z_4+z_5|^2=5+\displaystyle\sum_{1\le i<j\le 5}(z_i\cdot\overline{z_j}$

$+\overline{z_i}\cdot z_j)\ge 0$,于是

$$\sum_{1\le i<j\le 5}|z_i-z_j|^2=20-\sum_{1\le i<j\le 5}(z_i\cdot\overline{z_j}+z_j\cdot\overline{z_i})\le 25.$$

等式成立当且仅当 $z_1+z_2+z_3+z_4+z_5=0$,如正五边形,于是最大值为 25.

37. (1) 见解析 (2) $\dfrac{4}{5}$ 【解析】(1) 考虑

$|1-\overline{a}\cdot z|^2-|z-a|^2$

$=1-\overline{a}\cdot z-a\cdot\overline{z}+|a|^2\cdot|z|^2-|z|^2-|a|^2+z$

$\cdot\overline{a}+\overline{z}\cdot a$

$=1-|a|^2-|z|^2+|z|^2\cdot|a|^2$

$=(1-|z|^2)(1-|a|^2)>0$,

故得证.

(2) 我们看到 $|1-\overline{a}\cdot z|^2-|z-a|^2=\dfrac{9}{16}\Rightarrow$

$$\dfrac{|z-a|^2}{|1-\overline{a}\cdot z|^2}=\dfrac{|z-a|^2}{\dfrac{9}{16}+|z-a|^2},$$

又 $|z-a|\le 1$,故 $\dfrac{|z-a|^2}{|1-\overline{a}z|^2}\le\dfrac{16}{25}\Rightarrow\dfrac{|z-a|}{|1-\overline{a}z|}\le\dfrac{4}{5}$,

当 $z=\dfrac{1}{2},a=-\dfrac{1}{2}$ 时取等.

38. $[-4,0]$ 【解析】易知 $z_1+z_2=-z_3$,于是

$(z_1+z_2)(\overline{z_1}+\overline{z_2})=|z_3|^2\Rightarrow 2\mathrm{Re}(z_1\overline{z_2})$

$=|z_3|^2-|z_2|^2-|z_1|^2$

$\Rightarrow\mathrm{Re}\left(\dfrac{z_1}{z_2}\right)=\dfrac{|z_3|^2-|z_2|^2-|z_1|^2}{2|z_2|^2}.$

于是 $\cos(\alpha-\beta)=\dfrac{|z_3|^2-|z_2|^2-|z_1|^2}{2|z_1|\cdot|z_2|}.$

记 $|z_2|=t$,则 $\cos(\alpha-\beta)=\dfrac{3-4t}{2t}$,同理有

$$\cos(\beta-\gamma)=\dfrac{-2t^2+4t-3}{2t(2-t)},\cos(\gamma-\alpha)=\dfrac{4t-5}{2(2-t)},$$

于是原式为

$$\dfrac{3-4t}{2t}+\dfrac{-4t^2+8t-6}{2t(2-t)}+\dfrac{3(4t-5)}{2(2-t)}=\dfrac{6t-9}{2-t},$$

下面考虑 t 的取值范围.

首先 $0\le t\le 2$,又

$$|z_1|+|z_2|\ge|z_3|,|z_1|+|z_3|\ge|z_2|\Rightarrow\dfrac{1}{2}\le t\le\dfrac{3}{2},$$

故所求取值范围为 $[-4,0]$.

39. $9y^2=2px-8p^2$ 【解析】设 $A(2pa^2,2pa)$,

$B(2pb^2,2pb),C(2pc^2,2pc)$,不妨设其对应的复数为 z_1,z_2,z_3,则可知 $z_1+\omega z_2+\omega^2 z_3=0$,于是

$$\begin{cases}2a^2-b^2-c^2=\sqrt{3}(b-c),\\\sqrt{3}(b^2-c^2)=b+c-2a.\end{cases}$$

设 $\dfrac{3x_G}{2p}=a^2+b^2+c^2,\dfrac{3y_G}{2p}=a+b+c$,则

$$\left(3a^2-\dfrac{3x_G}{2p}\right)\left(\dfrac{3y_G}{2p}-a\right)=\dfrac{3y_G}{2p}-3a$$

$$\Rightarrow a^3-\dfrac{3y_G}{2p}a^2-\left(\dfrac{x_G}{2p}+1\right)a+\dfrac{y_G}{2p}=0.$$

而这是关于 a,b,c 对称的等式,故由韦达定理可知

$$ab+bc+ca=-\dfrac{x_G}{2p}-1\Rightarrow\dfrac{9y_G^2}{4p^2}-\dfrac{3x_G}{2p}=-\dfrac{x_G}{p}-2,$$

故轨迹方程为 $9y^2=2px-8p^2$.

40. 180 【解析】令 $w=\dfrac{x}{y}$,则 $w^4-w^3+w^2-w+1$

$=0\Rightarrow w^5=-1\Rightarrow w^{10}=1$,于是对固定的 n,有

$$\sum_{m=0}^{29}w^{18mn}=\begin{cases}30,10\mid 18n,\\0,10\nmid 18n.\end{cases}$$

故可知原式的值为 180.

41. 【证明】设 $w_n=\mathrm{e}^{\frac{2\pi\mathrm{i}}{n}}$,$f(x)=a_nx^n+\cdots+a_1x+a_0$,则

$$\sum_{k=1}^n|f(w_n^k)|\ge\left|\sum_{j=0}^n a_j\sum_{k=1}^n w_n^{jk}\right|=n|a_0+a_n|=2n,$$

于是可知存在 $w_n^{k_0}$ 使得 $|f(w_n^{k_0})|\ge 2$.故得证!

42. 【证明】(1) 易知 $z_{n+1}=\dfrac{-1\pm\sqrt{3}\mathrm{i}}{4}z_n$,于是 $|z_n|=$

$\dfrac{1}{2^{n-1}}$,且 $|z_{n+1}+z_n|=|z_n|\cdot\left|1+\dfrac{z_{n+1}}{z_n}\right|=\dfrac{\sqrt{3}}{2^n}.$

故当 $n=2m+1$ 时,

$$\left|\sum_{k=1}^n z_k\right|\le\sum_{k=1}^m|z_{2k-1}+z_{2k}|+|z_{2m+1}|$$

$$= \sqrt{3} \cdot \sum_{k=1}^{m} \frac{1}{4^k} + \frac{1}{4^m} = \frac{2\sqrt{3}}{3}\left(1 - \frac{1}{4^m}\right) + \frac{1}{4^m} < \frac{2\sqrt{3}}{3};$$

当 $n = 2m$ 时,

$$\left|\sum_{k=1}^{n} z_k\right| \leqslant \sum_{k=1}^{m} |z_{2k-1} + z_{2k}|$$

$$= \sqrt{3} \cdot \sum_{k=1}^{m} \frac{1}{2^{2k-1}} = \frac{2\sqrt{3}}{3}\left(1 - \frac{1}{4^m}\right) < \frac{2\sqrt{3}}{3}.$$

综上,结论成立.

(2)取 $z_1 = 1$,$z_{2k} = \dfrac{-1+\sqrt{3}\,\mathrm{i}}{2^{2k}}$,$z_{2k+1} = \dfrac{-1-\sqrt{3}\,\mathrm{i}}{2^{2k+1}}$,则

此时

$$\left|\sum_{k=1}^{2m+1} z_k\right| = \left|1 + \sum_{k=1}^{m} \frac{-1+\sqrt{3}\,\mathrm{i}}{4^k} + \frac{1}{2} \cdot \sum_{k=1}^{m} \frac{-1-\sqrt{3}\,\mathrm{i}}{4^k}\right|.$$

当 $m \to +\infty$ 时,$\left|1 + \dfrac{-3+\sqrt{3}\,\mathrm{i}}{6}\right| = \dfrac{\sqrt{3}}{3}$.

下证 $C = \dfrac{\sqrt{3}}{3}$ 时不等式成立.

由(1)可得 $|z_n + z_{n+1}| = \dfrac{\sqrt{3}}{2^n}$,故

当 $n = 2m\,(m \geqslant 2)$ 时,

$$\left|\sum_{k=1}^{2m} z_k\right| \geqslant |z_1 + z_2| - \sum_{k=2}^{m} |z_{2k-1} + z_{2k}|$$

$$= \frac{\sqrt{3}}{2} - \sum_{k=2}^{m} \frac{\sqrt{3}}{2^{2k-1}} = \frac{\sqrt{3}}{3} + \frac{8\sqrt{3}}{3} \cdot \frac{1}{4^{m+1}} > \frac{\sqrt{3}}{3};$$

当 $n = 2m+1\,(m \geqslant 1)$ 时,

$$\left|\sum_{k=1}^{2m+1} z_k\right| \geqslant |z_1 + z_2| - \sum_{k=2}^{m} |z_{2k-1} + z_{2k}| - |z_{2m+1}|$$

$$= \frac{\sqrt{3}}{3} + \left(\frac{2\sqrt{3}}{3} - 1\right) \cdot \frac{1}{4^m} > \frac{\sqrt{3}}{3}.$$

故可知 $C = \dfrac{\sqrt{3}}{3}$ 时不等式成立.

综上,最大的常数 C 为 $\dfrac{\sqrt{3}}{3}$.

43.【证明】首先证明不存在模长为 1 的根 z. 假设存在模长为 1 的根,则

$$|z^n + a_{n-2}z^{n-2} + \cdots + a_1 z + a_0| = |a_{n-1}z^{n-1}|$$

$$\Rightarrow |a_{n-1}| \leqslant 1 + |a_{n-2}| + \cdots + |a_1| + |a_0|,$$

矛盾!

由韦达定理可知,对于根 $z_1, z_2, \cdots, z_n$,

$$|z_1 z_2 \cdots z_n| = |a_0| \geqslant 1,$$

于是可知存在模长大于 1 的根,不妨设为 z_1.

设 $g(x) = x^{n-1} + b_{n-2}x^{n-2} + \cdots + b_1 x + b_0 = \dfrac{1}{x - z_1} f(x)$.

下面证明其根的模长均小于 1.

对比系数,有 $a_{n-1} = b_{n-2} - z_1$,$a_{n-2} = b_{n-3} - z_1 b_{n-2}, \cdots, a_1 = b_0 - z_1 b_1$,$a_0 = -b_0 z_1$.

于是

$$|b_{n-2} - z_1| > 1 + |b_{n-3} - z_1 b_{n-2}| + \cdots + |b_0 - z_1 b_1| + |b_0 z_1|$$

$$\Rightarrow |b_{n-2}| + |z_1| > 1 + |z_1 b_{n-2}| - |b_{n-3}| + \cdots + |z_1 b_1| - |b_0| + |b_0 z_1|$$

$$\Rightarrow |z_1| - 1 > (|z_1| - 1)(|b_{n-2}| + |b_{n-3}| + \cdots + |b_1| + |b_0|),$$

于是可知 $|b_{n-2}| + |b_{n-3}| + \cdots + |b_1| + |b_0| < 1$,

所以对 $g(x)$ 的根 z,若其模长不小于 1,我们有

$$|b_0 + b_1 z + \cdots + b_{n-2} z^{n-2}| = |z|^{n-1}$$

$$\leqslant |b_0| + |b_1 z| + \cdots + |b_{n-2} z^{n-2}|$$

$$\leqslant (|b_0| + \cdots + |b_{n-2}|)|z|^{n-2} < |z|^{n-2}$$

$$\Rightarrow |z| < 1,$$

矛盾!

故可知 $g(x)$ 的根模长都小于 1.

综上得证!

注:此题为 Perron 判别法的一个关键证明步骤.

44.【证明】(1)首先由题意有 $z_n^2 = z_{n+1} - 1$,于是对 z_n 而言,其会得到正、负两个解,我们做一些枚举:

$z_{2020} = 0$,$z_{2019} = \pm\mathrm{i}$,$z_{2018} = \pm\sqrt[4]{2} \cdot \mathrm{e}^{\pm\frac{\pi}{8}}, \cdots$.

可以看到模长虽然在增长,但在平方根的作用下增量很少,由 $|z_n| \leqslant \sqrt{|z_{n+1}| + 1}$,很容易利用归纳证明:$|z_{2022-n}| \leqslant \dfrac{1+\sqrt{5}}{2}\,(n = 1, 2, \cdots, 2021)$.

接下来考虑实部. 设 $z_{2022-n} = x_n + y_n \mathrm{i}$,则

$$x_{n-1} = x_n^2 - y_n^2 + 1,\quad y_{n-1} = 2x_n y_n,$$

于是可知 $x_{n-1} = x_n^2 - y_n^2 + 1 \geqslant 2x_n^2 - \dfrac{\sqrt{5}-1}{2} > 2x_n^2 - 1$,

故 $x_n < \sqrt{\dfrac{x_{n-1}+1}{2}}$.

利用数学归纳法易证 $x_n < 1$.(完整的证明过程由读者自行整理完成)

(2)易知对于 z_{2020-n},其有 2^n 个不同的解.考虑迭代,设其解为 $x_{n,1}, \cdots, x_{n,2^n}$,其中 $x_{n+1,2j-1}, x_{n+1,2j}$

为 $z^2+1=x_{n,j}$ 的两根. 于是由韦达定理可知

$$(z_m-x_{n+1,2j-1})(z_m-x_{n+1,2j})$$
$$=z_m^2-(x_{n+1,2j-1}+x_{n+1,2j})z_m+x_{n+1,2j-1}x_{n+1,2j}$$
$$=z_m^2+1-x_{n,j}=z_{m+1}-x_{n,j}.$$

则 $\prod_{j=1}^{2^{2019}}x_{2019,j}=\prod_{j=1}^{2^{2019}}(z_{2020}-x_{2019,j})=\prod_{j=1}^{2^{2018}}(z_{2021}-x_{2018,j})=\cdots=z_{4039}$, 其中 $z_{2020}=0$.

综上, $p=z_{4039}$.

45. $\{\alpha\in\mathbf{C}\mid|\alpha|\geqslant2\}$ 【解析】一方面, 当 $|\alpha|\geqslant2$ 时, 考虑

$$|(z_1+\alpha)^2+\alpha\overline{z_1}-(z_2+\alpha)^2-\alpha\overline{z_2}|$$
$$=|z_1^2-z_2^2+2\alpha(z_1-z_2)+\alpha(\overline{z_1}-\overline{z_2})|$$
$$=|z_1-z_2|\cdot\left|z_1+z_2+2\alpha+\alpha\frac{(\overline{z_1}-\overline{z_2})}{z_1-z_2}\right|$$
$$\geqslant|z_1-z_2|\cdot(|z_1+z_2+2\alpha|-|\alpha|)$$
$$\geqslant|z_1-z_2|\cdot(2|\alpha|-|\alpha|-|z_1|-|z_2|)>0.$$

故可知 $|\alpha|\geqslant2$ 符合题目条件.

另一方面, 对于 $|\alpha|<2$, 考虑

$$z_1+z_2+2\alpha+\alpha\frac{(\overline{z_1}-\overline{z_2})}{z_1-z_2}=0,$$

可以看到 $\frac{(\overline{z_1}-\overline{z_2})}{z_1-z_2}$ 的模长为 1, 于是只需取其为 -1 即可. 然后考虑 $z_1+z_2=-\alpha$,

取 $z_1=-\frac{\alpha}{2}+ti$, $z_2=-\frac{\alpha}{2}-ti$, 其中 $\frac{1}{4}|\alpha|^2+t^2<1$, 代入即可知等式成立.

综上, 复数 α 的取值范围为 $\{\alpha\in\mathbf{C}\mid|\alpha|\geqslant2\}$.

46. 【证明】(1)考虑

$$(-1)^j=\left(\cos\frac{j\pi}{2n+1}+\sin\frac{j\pi}{2n+1}i\right)^{2n+1}$$

$$=\sum_{k=0}^{2n+1}\left(C_{2n+1}^k\cos^k\frac{j\pi}{2n+1}\sin^{2n+1-k}\frac{j\pi}{2n+1}i^{2n+1-k}\right).$$

考虑虚部, 则有

$$\sum_{k=0}^{n}\left[C_{2n+1}^{2k}\cos^{2k}\frac{j\pi}{2n+1}\sin^{2n+1-2k}\frac{j\pi}{2n+1}(-1)^{n-k}\right]=0$$

$$\Rightarrow\sum_{k=0}^{n}\left[C_{2n+1}^{2k}\cot^{2k}\frac{j\pi}{2n+1}(-1)^{n-k}\right]=0,$$

于是可知 $\cot^2\frac{j\pi}{2n+1}$ $(j=1,2,\cdots,n)$ 为

$$\sum_{k=0}^{n}\left[C_{2n+1}^{2k}x^k(-1)^{n-k}\right]=0$$ 的所有根,

由韦达定理可知

$$\sum_{j=1}^{n}\cot^2\frac{j\pi}{2n+1}=\frac{C_{2n+1}^{2n-2}}{C_{2n+1}^{2n}}=\frac{2n^2-n}{3}.$$

(2)我们知道 $\cot x=\frac{1}{\tan x}<\frac{1}{x}$, 于是

$$\frac{2n^2-n}{3}<\sum_{j=1}^{n}\frac{(2n+1)^2}{j^2\pi^2}\Rightarrow\sum_{j=1}^{n}\frac{1}{j^2}>\frac{2n^2-n}{3(2n+1)^2}\pi^2.$$

又 $\sum_{j=1}^{n}\frac{1}{\sin^2\frac{j\pi}{2n+1}}=n+\sum_{j=1}^{n}\cot^2\frac{j\pi}{2n+1}=$

$\frac{2n^2+2n}{3}$, $\frac{1}{\sin x}>\frac{1}{x}$,

于是

$$\frac{2n^2+2n}{3}>\sum_{j=1}^{n}\frac{(2n+1)^2}{j^2\pi^2}$$

$$\Rightarrow\sum_{j=1}^{n}\frac{1}{j^2}<\frac{2n^2+2n}{3(2n+1)^2}\pi^2.$$

令 $n\to+\infty$, 可知

$$\lim_{n\to+\infty}\frac{2n^2+2n}{3(2n+1)^2}=\lim_{n\to+\infty}\frac{2n^2-n}{3(2n+1)^2}=\frac{1}{6},$$

于是 $\sum_{j=1}^{+\infty}\frac{1}{j^2}=\frac{\pi^2}{6}$.